JN081812

ときどき
炊飯器レシピも！
とん妻の
レンチンだけで
バリうま献立

福岡生まれ！　豚骨育ち！！　とん妻と申します♪

本書を手に取ってくださった“お仲間”のみなさま、
毎日のお仕事や子育て、“お料理”にお疲れさまです。

お料理って毎日のことだからこそ
「今日は料理したくないな……」
「洗い物もしたくないなぁ……」
「簡単にサクッと時短に済ませたいな……」
そんなふうに思う日も少なくないですよね。

まさしく、とん妻も同じことを思っていたひとりです。
この本には、“がんばるお料理”ではなく
その真逆の **“がんばらないお料理”** がたくさん詰まっています。

「えっ？　がんばらなくていいの？」
そんな声が聞こえてきそうですが（笑）

がんばらなくていいんです！！！

むしろ“がんばらない”ことで時間と心の余裕が生まれ、
自分の時間、家族との時間が増えていきます！
自分も家族もご機嫌にしちゃう、画期的なお料理なんです。

うまっ!!円

とん妻のもとには、毎日たくさんのメッセージが届きます。

「料理が苦手で嫌いで、台所に立つのもつらかったけど、
なんでもポリ袋にぶち込む豪快さに笑ってしまった！
実際に作ると料理ができる人になった気分で楽しかった」

「最近はとん妻さんのレシピで夕飯を作っているのですが、
本当に楽でおいしくて栄養もあって、働く母の救世主すぎます」

「とん妻さんのおかげで、**子どもと遊ぶ時間が増えました！**
毎日２時間夕食の支度をして、子どもと遊ぶ時間がなくて悩んでいたときに
とん妻さんと出会えました！　ホント感謝です」

など、数え切れないほど、嬉しいお言葉をいただいています。

本書は、**ひとりでも多くの〝お料理〟で悩む方に届いてほしい！**
そんな願いと想いがこもったレシピ本です。

全国の悩んでいるみなさまの元に届きますように。

TON妻

愛と感謝をこめて、とん妻

とん妻の門『バリうま献立』

ズボラPoint 1
袋で保存、そのままレンチン！

耐熱性のポリ袋の中で下ごしらえしたら、保存したいときはそのまま冷蔵庫&冷凍庫へ。そして調理は袋のままでレンチン。ラップをかける必要すらありません。

全体に火が通るように耐熱皿の上で平らに広げます

ズボラPoint 2
不器用でも失敗しにくい！

料理でいちばん難しいのは火加減。ズボラ食堂はほとんどがレンチン&炊飯器なので、時間通りに加熱するだけでおいしく仕上がります。

ズボラPoint 3
洗い物はほとんどナシ！

使う調理器具は包丁 or キッチンバサミ、まな板、耐熱皿 or 耐熱ボウルのみ。しかも、まな板には使い捨てシートを貼るので洗うときもさっと流すだけでOKです。

ポリ袋の中で混ぜるので洗い物が出ません

ズボラPoint 4
炊飯器で4品同時に調理も！

ごはんの上にメインの料理をのせたら、そのすき間にキャンディみたいにクッキングシートで包んだ副菜をのせてスイッチオン。4品が一度に完成します。

包んだおかずをのせてごはんと同時に炊き上げる♪

スイッチを入れて待つだけ！

ズボラPoint 5 レンチンだから すぐできる！

レンチンが終わるのを待っている間に、副菜やサラダなどの準備を進めることができます。メインの料理が下ごしらえ済みなら、3～4品で15分もかかりません。

裏返して
再度加熱したら完成！

ズボラPoint 6 毎日の献立作り＆調理がラクになる！

1週間の平日5日分をまとめて下ごしらえするから、毎日の調理がラクちん。献立も考えてあるので、マネするだけでOKです。

時短になる
調理の順番も
解説しています！

順番

1 鮭のちゃんちゃん焼きをレンチン
2 だし巻き卵の材料を混ぜる
3 ししとうとちくわを切る
4 鮭のちゃんちゃん焼きを裏返し、さらにレンチン
5 もやしをポリ袋に入れる
6 だし巻き卵をレンチンし、巻きすで形を整える
7 ししとうとちくわをレンチン
8 みそ汁をレンチン
9 彩りの野菜を添えながら、3品を盛りつける
10 お椀にみそ汁を注ぎ、ごはんを盛ったら完成！

はズボラでラクちん！！

ズボラPoint 7 手に入りやすい 材料ばかり！

材料はすべて普通のスーパーで買えるものだけ。特別な材料は一切使っていません。平日の献立に使う材料は「お買い物リスト」にまとめたので参考にしてみて。

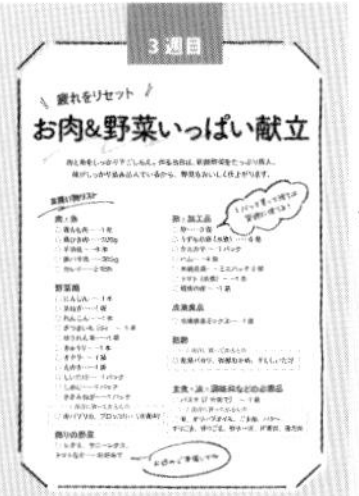
3週目
疲れをリセット
お肉&野菜いっぱい献立

買ったものは
使い切れるように
工夫しています♡

※本では撮影用に「飾りに使う野菜」として、ハーブなどを添えています

ズボラPoint 8 簡単なのに 驚くほどうまい！

たかがレンチン料理と侮ることなかれ！鶏肉も豚肉も魚もふっくら、野菜はほどよい固さ♪ 「気軽に作れて、しかもバリうま」な最高のレシピです。

Contents

とん妻のズボラな献立作り始まります！ ………… 9

PART 2

とん妻流、ズボラに平日を乗り切る！

バリうま献立 ………… 19

1週目

体力つけよう！ たんぱく質多め献立

4週目

1食300円以下でごちそう！節約にぴったり献立

料理を作る前に

- ●材料の表記は、大さじ1=15mℓ（15cc）、小さじ1=5mℓ（5cc）です。
- ●野菜は特に記載のない場合は中サイズです。
- ●分量に1パック、1袋などとある場合は、一般的な流通サイズのものを指します。ビッグサイズで購入した場合は、調整してください。
- ●食材を洗う、皮をむく、ヘタを取る、石づきを取るなどの基本的な下ごしらえは省略しています。
- ●肉や魚は常温に戻してから加熱してください。
- ●加熱時間は600Wの電子レンジの場合の目安です。500Wの場合は、1.2倍を目安に様子を見て加減してください。また、電子レンジや炊飯器は使用している機種やメーカーによって性能が多少異なります。ご自宅の電子レンジに合わせて、様子を見ながら加熱時間を10秒ずつ足していくなど調整してください。また、加熱するときは突然沸騰する「突沸現象」に注意しましょう。
- ●気温が低い日などは、食材の温度も下がることで、記載した時間では火が通らない可能性もあります。その場合も加熱時間を10秒ずつ足していくなど、様子を見ながら調整してください。
- ●冷凍した食品は、必ず前の日（冬季は2日前）に冷蔵庫に移しておき、しっかり解凍してからご使用ください。

PART 1

とん妻のズボラな献立作り始まります！

料理をする前に、押さえておきたい基本のテクニックを伝授！
パターンは同じなので、慣れると何も考えずに
短い時間でちゃんとしたメニューが作れるようになります♪

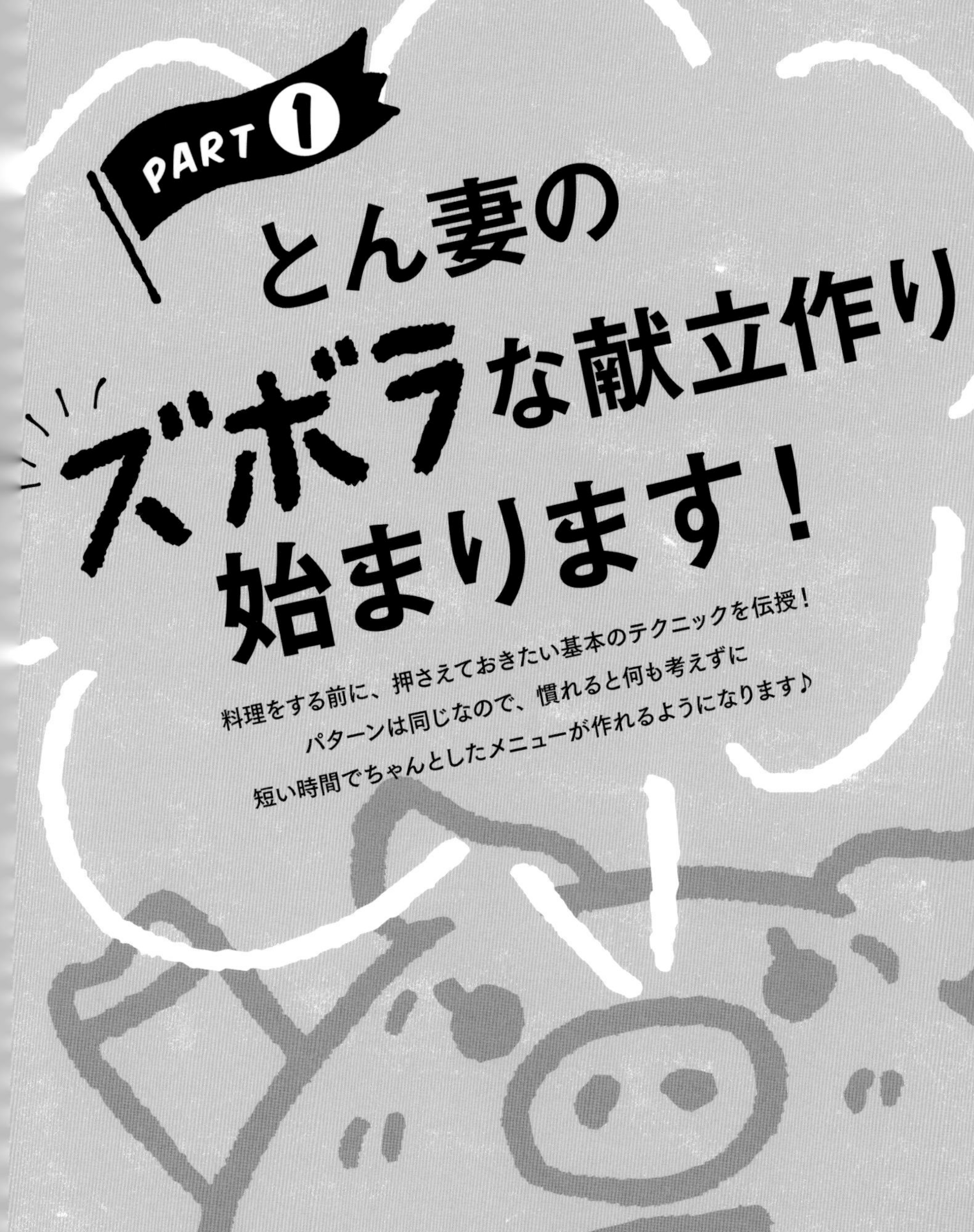

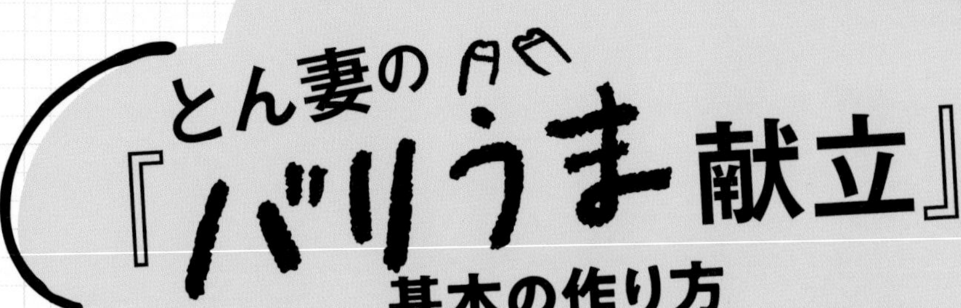

とん妻の『バリうま献立』基本の作り方

とん妻の料理は、ポリ袋で混ぜた材料を電子レンジか炊飯器で加熱するだけとズボラで簡単。素材や味つけが違っても、やり方は同じです。

下ごしらえはポリ袋で

① 食材を食べやすい大きさに切る

肉や魚を切るときは、まな板シートを敷いてね！

② ポリ袋に入れる

調味料を加えたら空気を抜いて軽く揉み混ぜよう

③ きゅっと結んで冷蔵 or 冷凍

中の空気はなるべく抜いてね

月火水の食材は冷蔵庫、木金の食材は冷凍庫へ

加熱なしの サラダやマリネは和えるだけ！

① ポリ袋に材料と調味料を入れたらモミモミ or シャカシャカ

セロリやにんじんなど生でもOKな素材で

モミモミ

② 盛りつけるだけで立派な1品に！

パターン1

ポリ袋のままレンチン！

下ごしらえした食材は、ラップなどを使わずにそのままレンチンできます。
加熱するときは、大きな耐熱皿か耐熱ボウルにのせるとGOOD。

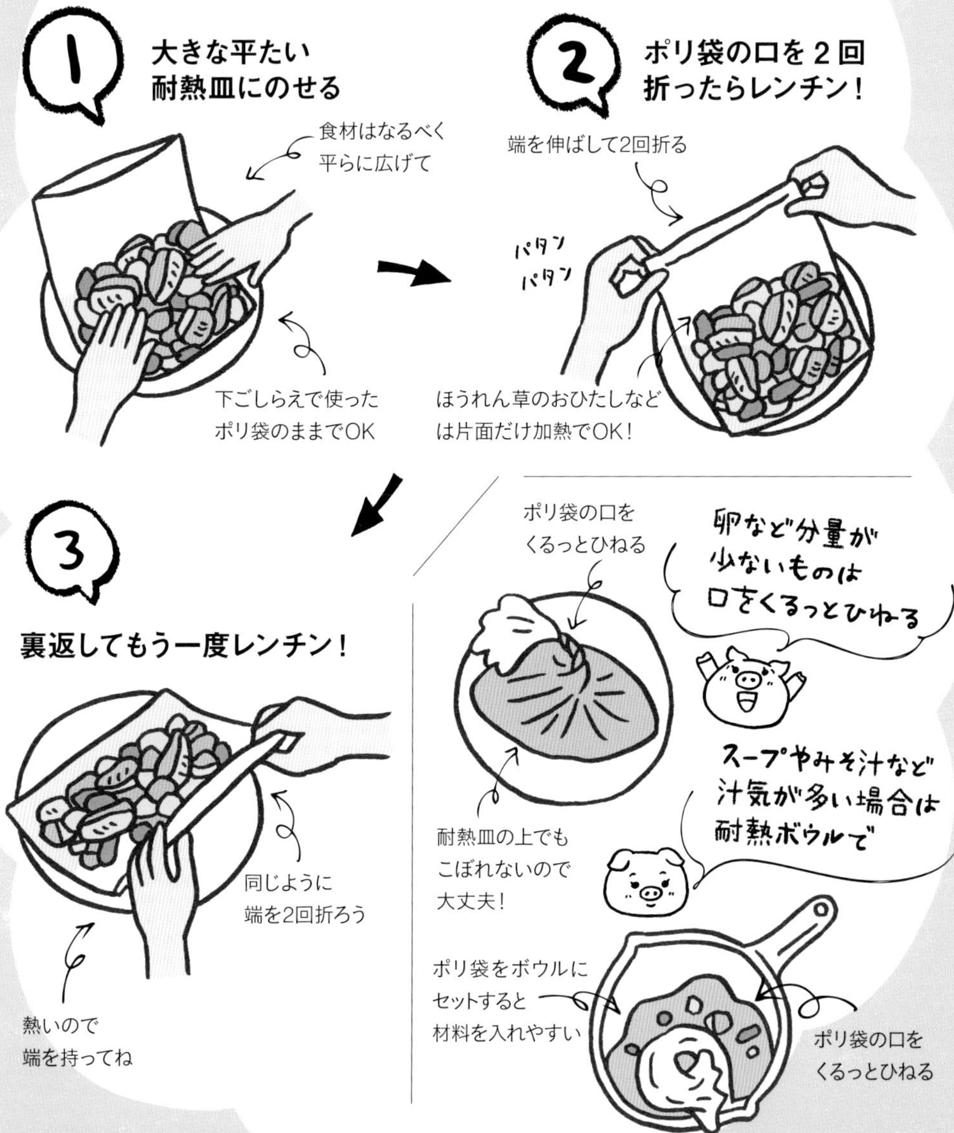

パターン 2
クッキングシートで包んでレンチン！

皮がついた鶏肉や豚バラ肉など脂分がある食材を加熱するときは、
高温になるためポリ袋は NG。クッキングシートで包んでから加熱します。

パターン 3 炊飯器でごはんと同時調理！

炊飯器でごはんを炊くのと同時に、おかずも作れちゃうという画期的なアイデア。
こちらも高温になるので、クッキングシートを使います。

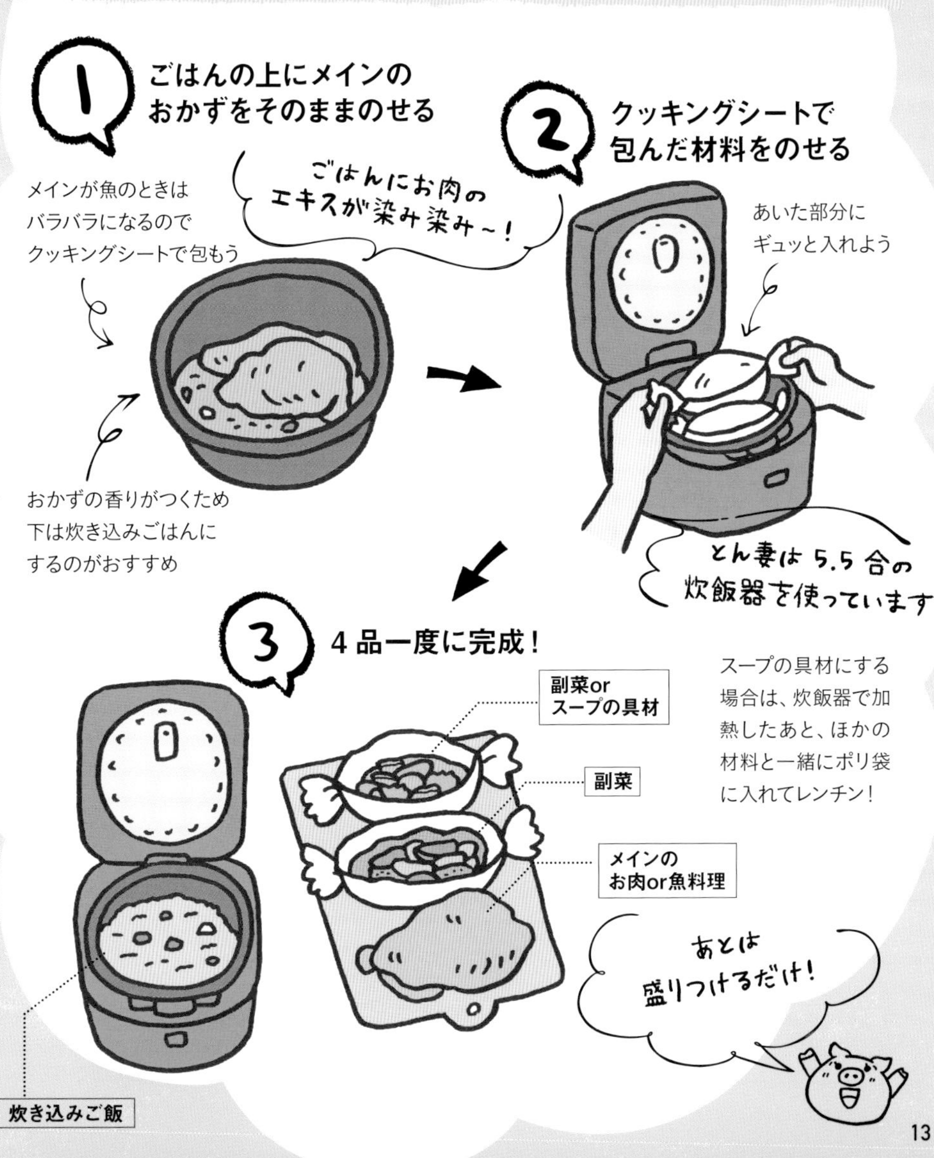

コレだけあればおかずはカンペキ！

とん妻、基本の調味料

ズボラ食堂でいつも使っているスタメン調味料をご紹介。メーカーなどにこだわりはなく、いつも行くスーパーで目についたものを購入しています。

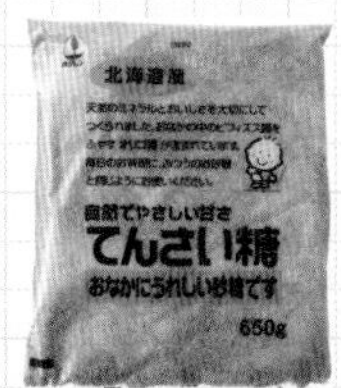

□ 砂糖

優しい甘さのてんさい糖を愛用。甘味だけでなく、風味も増す気がします。

□ 味塩こしょう

塩分を足したいときは、塩ではなくコレを使うのがほとんど。味が簡単にキマります！

□ しょうゆ

鮮度を保てるタイプのパックが便利。煮物用に大きいサイズも常備しています。

□ みりん

和食には欠かせない！　水分をプラスして、レンチンでもふっくら仕上がります。

□ めんつゆ

はじめから味が調っているのがめんつゆ最大の魅力。失敗率が低くなります。

□ 白だし

だしをしっかり効かせたいときは、顆粒だしより白だしのほうが便利です。

□ 料理酒

煮物に風味とコクをプラスしたいときに。普通の安い日本酒でもOKです。

□ カンタン酢

酢にもいろいろあるけど、コレ1本で酢の物やマリネの味がキマるのでおすすめ。

□ みそ

基本はコレ1つ。みそ汁の味に飽きたら、赤みそや白みそを適当に混ぜることも。

□ 鶏がらスープの素

中華風のメニューを作るときは、とりあえず混ぜれば間違いないと思ってます。

□ 顆粒だし

白だしだけでもいいけれど、顆粒だしも使うと味に深みや奥行きが生まれます。

□ コンソメ

洋風の献立のときは、みそ汁ではなくスープに。溶かすだけなのでラクちんです。

□ 豆板醤

ピリ辛に仕上げたいときに欠かせない調味料。チューブタイプが便利です。

□ コチュジャン

韓国でよく使われる甘辛みそ。生野菜につけるだけでもおいしく食べられます。

□ オイスターソース

牡蠣由来のうまみが最高！ 少し加えるだけで料理がレベルアップします。

□ マヨネーズ

料理に使うのはもちろん、サラダにかけたり、パンに塗ったりと大活躍！

□ ケチャップ

オムライスやトマトパスタだけでなく、カレーの隠し味にも使える優れモノ。

□ ウスターソース

トマトパスタやカレーを作るときに、ケチャップとセットで使うことが多いです。

□ 塩

味つけには滅多に使いませんが、野菜や魚などの下処理には欠かせません。

□ カレー粉

同じ料理でも、プラスするだけで一気に味変できるので、常備しています。

□ きざみにんにく＆きざみしょうが

にんにくやしょうがを使いたいときは、チューブではなくコレ！ うまみも増強してくれます。

和えるだけで完成！ ズボラ副菜

ポリ袋のまま
レンチンしたら
調味料で
和えるだけ♪

和えるだけで一品できちゃう調味料の組み合わせアイデア。
生のまま食べられる野菜なら、さらに時短に。好きな組み合わせで作ってみて。

たとえばこんな組み合わせ

① おひたし

白だし	水
大さじ1	大さじ1

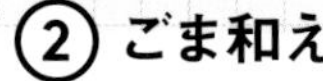

② ごま和え

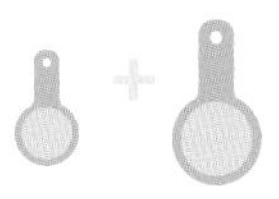

すりごま	めんつゆ	砂糖	水
大さじ2	大さじ1	小さじ1/2	大さじ1

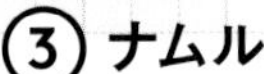

③ ナムル

きざみにんにく	しょうゆ	ごま油	炒りごま
小さじ1	大さじ1	大さじ1	少々

④ みそマヨ

みそ	マヨネーズ	すりごま
大さじ1	大さじ1	大さじ2

⑤ おかか和え

しょうゆ	かつお節
大さじ1.5	1袋（2g）

⑥ 酢の物

カンタン酢	しょうゆ
大さじ2	大さじ1

⑦ カレーマヨ

カレー粉	マヨネーズ
小さじ1/2	大さじ1

⑧ 梅マヨ

マヨネーズ	しょうゆ	梅ペースト
大さじ1/2	小さじ1	小さじ1

⑨ 中華和え

めんつゆ	カンタン酢	ごま油
小さじ2	大さじ1	小さじ1

どんな食材でも簡単 3ステップ

ほうれん草の場合

1 ほうれん草１袋を食べやすい大きさに切る。

2 ポリ袋に入れ、電子レンジで２分加熱する。

3 それぞれの調味料で和える。

① なら

おひたしに！

② なら

ごま和えに！

③ なら

ナムルに！

れんこんの場合

1 れんこん1/2 本は皮をむいて薄切りにする。

2 ポリ袋に入れ、カンタン酢大さじ2と水 300㎖を加えてしばらくおく。水気をきったら、電子レンジで１分加熱する。

3 それぞれの調味料で和える。

④ なら

みそマヨ和えに！

⑤ なら

おかか和えに！

⑥ なら

酢の物に！

ブロッコリーの場合

1 ブロッコリーを小房に分ける。

2 ポリ袋に5房入れ、電子レンジで2分加熱する。

3 それぞれの調味料で和える。

⑦ なら

カレーマヨ和えに！

⑧ なら

梅マヨ和えに！

⑨ なら

中華和えに！

組み合わせはお好みで♡どんな野菜と合わせても
バリうま副菜がすぐできちゃいます！

とん妻愛用！

ズボラアイテム

とん妻がいつも使っている調理器具をご紹介。基本的にこちらの
5アイテムとまな板、包丁、キッチンバサミでどんどん作っていきます。

お皿の上にポリ袋ごと平らに広げて、レンチンします

必ず耐熱性のポリ袋を使ってね！

1. 平たい耐熱皿

ダイソーで300円で購入した直径30cmの白いお皿。丈夫だし、つるっとしていて洗いやすい！

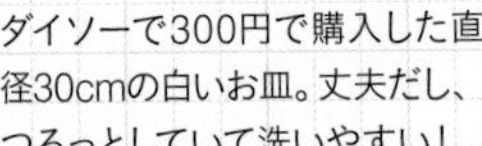

ポリ袋の口は軽く2回折り曲げよう

2. 取っ手つきの耐熱ボウル

ダイソーで100円だった容量1.5ℓ、耐熱120℃の小さめボウル。取っ手は電子レンジから取り出すときにも便利。

汁物を作るときはポリ袋を中にセットして、材料を入れていくよ

口を軽くひねってから加熱してね

3. 耐熱性のポリ袋

食品の保存だけでなく、このままレンチンもできる優れもの。低い温度にも強いので、冷凍保存もできます。

注意

使用するポリ袋は、「高密度ポリエチレン」でできた半透明の袋です。塩化ビニル樹脂を使用した透明の袋や低密度ポリエチレンの袋は、絶対に使用しないでください。必ず製品の裏に書いてある注意書きを読み、加熱使用できるか確認しましょう。

4. まな板シート

まな板が汚れないので、洗い物の時間を短縮できます。肉と野菜を続けて仕込みたいときも衛生的。ダイソーで300円で購入。

付属のカッターで好きな大きさにカット

5. クッキングシート

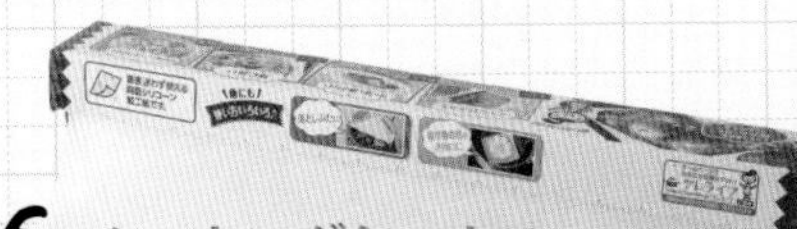

脂肪分や油分があるものを加熱するときは、ポリ袋はNG。代わりにクッキングシートで巻いて加熱します。

使い方❶

キャンディor封筒みたいに包んで電子レンジへ！

使い方❷

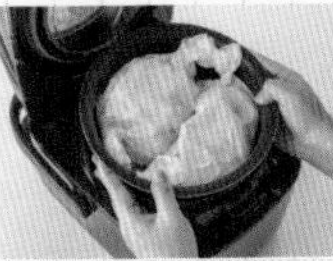

炊飯器に入れたら、ご飯と同時に調理できちゃう♪

PART 2 とん妻流、ズボラに平日を乗り切る！バリうま献立

ここからが本番！　時間に余裕のある日曜日のうちに、忙しい平日を乗り切るメインの料理を仕込みましょう。お買い物リストを参考に買い物をしたら準備スタートです。

1週目

体力つけよう!

たんぱく質多め献立

1週目は元気に過ごしたいから、大きな肉や魚料理をメインにした
ボリュームたっぷりのメニューを。力がもりもり湧いてきます!

お買い物リスト

肉・魚
- □ 鶏もも肉……1枚
- □ 鶏むね肉……1枚
- □ 豚こま切れ肉……100g
- □ 豚ひき肉……300g
- □ 鮭……2切れ

野菜類
- □ キャベツ……1/4個
- □ にんじん……2本
- □ 玉ねぎ……2個
- □ じゃがいも……3個
- □ ほうれん草……1袋
- □ きゅうり……1本
- □ ししとう……1パック
- □ なす……1本
- □ 赤パプリカ……1個
- □ しめじ……1パック
- □ えのき……1袋
- □ もやし……1袋
- □ きざみねぎ……1パック

なすと赤パプリカの残りは2週目のキーマカレーに入れるよ!

卵・加工品
- □ 卵……4個

1パック買って残りは翌週に使うよ!

- □ 白菜キムチ……1パック

残りは韓国風おにぎりなどに使ってね

- □ ハム……8枚
- □ ちくわ……5本
- □ ツナ（水煮）……1缶
- □ じゃこ……1パック
- □ ヨーグルト……1パック
- □ 豆乳……1本

冷凍食品
- □ 冷凍うどん……2玉
- □ 冷凍根菜ミックス……1袋

飾りの野菜
- □ レタス、ミニトマト、チャービル、ディル、パセリなど

お好みで準備してね

乾物
- □ 乾燥パセリ
- □ 乾燥わかめ
- □ 乾燥ひじき
- □ 干ししいたけ
- □ 切り干しだいこん

主食や油など料理の必需品
- □ 米、もち米、オリーブオイル、ごま油、バター、すりごま、粉チーズ、片栗粉

メインの下ごしらえ、完了！！

それぞれのレシピを確認して
1週間分、一気に下ごしらえします

月 冷蔵
鮭のちゃんちゃん焼き

火 冷蔵
豚キムチうどん

水 冷蔵
中華おこわと蒸し鶏

冷凍した食材は
前日の晩に冷蔵庫に移して
解凍しておいてね！

こんな感じに結んでね

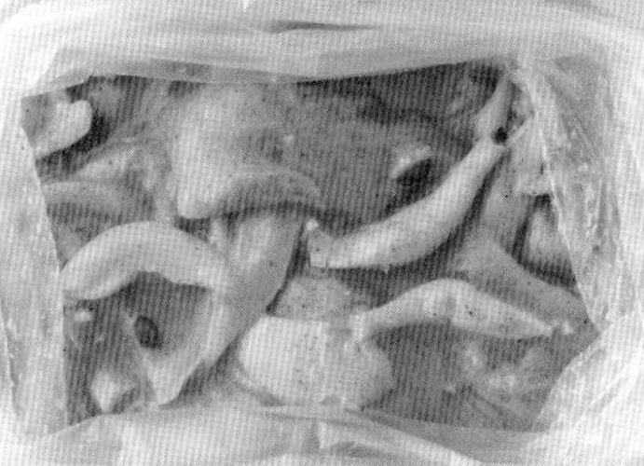

木 冷凍
鶏むね肉の
タンドリーチキン

金 冷凍
照り焼きつくね

もやしとわかめのみそ汁

月曜日

鮭のちゃんちゃん焼きの献立

全部 レンチン
ししとうとちくわのじゃこ和え
だし巻き卵
鮭のちゃんちゃん焼き

月曜日のレシピ

鮭のちゃんちゃん焼き

材料（2人分）

鮭 ……………………… 2切れ
キャベツ …………… 1/8個
にんじん …………… 1/4本
えのき ……………… 1/2袋
玉ねぎ ……………… 1/2個

A
みそ ………… 大さじ2
しょうゆ ……… 小さじ2
みりん ………… 大さじ1
料理酒 ………… 大さじ1
砂糖 …………… 小さじ1
塩こしょう ……… 適量

バター …………… 大さじ1
レタス …………… お好みで

下ごしらえ

①鮭と野菜は食べやすい大きさに切り、ポリ袋に入れる。
② Aを加え、全体がなじむように軽く揉む。

作り方

1 下ごしらえした材料をポリ袋に入れたまま、大きめの耐熱皿に広げるようにのせ、ポリ袋の口を折りたたんで電子レンジで4分加熱する。
2 一度取り出して裏返し、さらに4分加熱する。
3 ポリ袋にバターを加えてさっと混ぜ、器に盛る。お好みでレタスを添える。

バターなどの油分は
電子レンジで加熱したあとに
加えるのがコツです♡

だし巻き卵

材料（2人分）

卵 ………………………… 3個
白だし ………… 小さじ1
顆粒だし ……… 小さじ1
水 ……………… 大さじ1

作り方

1 ポリ袋にすべての材料を入れ、卵の白身を切るように揉み混ぜる。
2 耐熱皿にのせ、ポリ袋の口をくるっとひねって電子レンジで1分半加熱する。
3 一度取り出し、卵を潰しながらなじませる。
4 さらに30秒加熱したら、ポリ袋のまま巻きすで形を整える。食べやすい大きさに切り、器に盛る。

取り出したあとは熱いので
タオルをポリ袋に巻いて
モミモミしてね

ししとうとちくわのじゃこ和え

材料（2人分）

ししとう ……… 1パック
ちくわ ……………… 3本
じゃこ ………… 1パック
しょうゆ ……… 大さじ1
料理酒 ………… 大さじ1
みりん ………… 大さじ1

作り方

1 ししとうとちくわは斜め切りにする。
2 ポリ袋にすべての材料を入れ、大きめの耐熱皿に広げるようにのせ、ポリ袋の口を折りたたんで電子レンジで1分30秒加熱する。

もやしとわかめのみそ汁

材料（2人分）

もやし …………… 1/3袋
乾燥わかめ … ひとつまみ
顆粒だし ……………… 5g
みそ …………… 大さじ2
水 ………………… 400mℓ

作り方

1 もやしはさっと洗ってポリ袋に入れ、電子レンジで1分30秒加熱する。
2 一度取り出し、残りの材料をすべて加えてよく混ぜる。
3 耐熱ボウルに入れ、ポリ袋の口をくるっとひねって電子レンジで2分30秒加熱する。

順番

1 鮭のちゃんちゃん焼きをレンチン
2 だし巻き卵の材料を混ぜる
3 ししとうとちくわを切る
4 鮭のちゃんちゃん焼きを裏返し、さらにレンチン
5 もやしをポリ袋に入れる
6 だし巻き卵をレンチンし、巻きすで形を整える
7 ししとうとちくわをレンチン
8 みそ汁をレンチン
9 彩りの野菜を添えながら、3品を盛りつける
10 お椀にみそ汁を注ぎ、ごはんを盛ったら完成！

豚キムチうどん
パプリカとツナのマリネ

全部 レンチン

火曜日

豚キムチうどんの献立

ポテトサラダ

火曜日のレシピ

豚キムチうどん

下ごしらえ

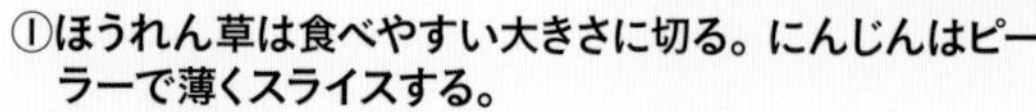

①ほうれん草は食べやすい大きさに切る。にんじんはピーラーで薄くスライスする。

②豚肉は塩こしょうをふり、ラップで包む。

③ほうれん草、にんじん、もやし、ラップに包んだ豚肉をポリ袋に入れる。

材料（2人分）

豚こま切れ肉 ………… 100g
ほうれん草 ……………… 1袋
にんじん ……………… 1/4本
もやし ………………… 2/3袋
冷凍うどん ……………… 2玉
白菜キムチ ……………… 30g
塩こしょう ……………… 少々

A
鶏がらスープの素 ……………… 大さじ2
みそ …………… 小さじ2
しょうゆ ……… 大さじ1
コチュジャン … 大さじ2
豆板醤 ……… 小さじ4
水 ……………… 500mℓ

作り方

1 豚肉をポリ袋から取り出す。
2 野菜はポリ袋に入れたまま、大きめの耐熱皿に広げるようにのせ、ポリ袋の口を折りたたんで電子レンジで2分加熱する。
3 一度取り出して裏返し、さらに1分加熱する。
4 ①をクッキングシートに平たく並べてキャンディのように包み、電子レンジで1分加熱する。
5 ポリ袋にうどん2玉を冷凍のまま入れて大きめの耐熱皿にのせ、ポリ袋の口を折りたたんで電子レンジで5分加熱する。
6 ③をポリ袋に入れたまま耐熱ボウルに入れ、**A**とキムチを加えて混ぜる。ポリ袋の口をくるっとひねって電子レンジで3分加熱する。取り出して④を加える。
7 器に⑤を入れ、⑥をかける。

パプリカとツナのマリネ

材料（2人分）

赤パプリカ ………… 1/2個
ツナ …………………… 1缶
カンタン酢 …… 大さじ1.5
砂糖 …………… 小さじ1/2
オリーブオイル … 大さじ1
乾燥パセリ ………… 少々

作り方

1 パプリカは細切りにし、ポリ袋に入れる。
2 残りの材料をすべて加えてよく混ぜる。
3 ポリ袋の空気を抜いて口を結び、冷蔵庫で保存する。味が染みたら完成！

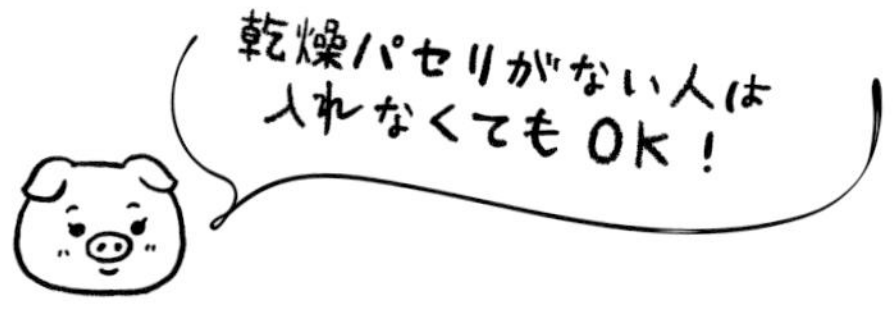

ポテトサラダ

材料（2人分）

じゃがいも……… 1個
きゅうり………… 1本
玉ねぎ………… 1/4個
卵………………… 1個
ハム……………… 4枚
マヨネーズ…… 大さじ2
塩こしょう……… 少々

作り方

1 じゃがいもは皮をむいて薄切りにし、ポリ袋に入れる。
2 耐熱皿に広げるようにのせ、ポリ袋の口をくるっとひねって電子レンジで2分加熱する。
3 きゅうり、玉ねぎは薄切りにして塩もみする。ハムは食べやすい大きさに切る。
4 じゃがいもをポリ袋の上から潰し、卵を割り入れる。爪楊枝で黄身に穴をあけ、ポリ袋の口をくるっとひねって電子レンジで1分加熱する。
5 ④に③、マヨネーズ、塩こしょうを加え、よく混ぜる。

順番

1 ポテサラのじゃがいもをレンチン
2 ポテサラの具材を切る
3 じゃがいもを潰し、ポテサラを仕上げる
4 うどんの野菜をレンチン
5 パプリカを切る
6 豚肉をレンチン
7 マリネを仕上げて冷やす
8 うどんをレンチン
9 うどんスープを仕上げる
10 ポテサラ、マリネを盛りつける
11 うどんを盛りつけたら完成！

水曜日
中華おこわと
蒸し鶏の献立
中華スープ
中華おこわ

なすとしめじのオイスター和え

鶏もも肉のやわらか蒸し鶏

水曜日のレシピ

中華おこわ

材料（2人分）

米 ………………………………… 1合
もち米 ……………………………… 1合
冷凍根菜ミックス …………… 1袋
干ししいたけ ………………… 2個
水 ………………………………… 2合分

A
しいたけの戻し汁 …… 100㎖
しょうゆ …………… 大さじ3
塩 ………………… 小さじ1/2
みりん ……………… 大さじ2
オイスターソース … 大さじ2
ごま油 ……………… 大さじ1

下ごしらえ

①冷凍根菜ミックスを流水で解凍し、細かく切って、ポリ袋に入れる。

②干ししいたけは水（分量外）につけて戻す。米ともち米は洗ってザルにあげておく。

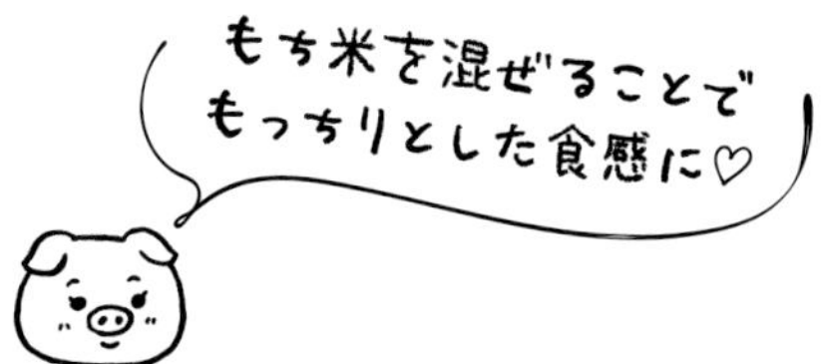

作り方&順番

1 炊飯器にAと洗った米、もち米を入れてさっと混ぜ、2合の目盛りよりやや少なめに水を入れる

2 根菜ミックスと、小さく切った干ししいたけを米の上に平らにのせる

3 鶏もも肉をのせる

4 クッキングシートに包んだ2品をあいているところにのせる

5 炊飯器のふたを閉め、炊き込みモードで炊飯する

なすとしめじのオイスター和え

材料（2人分）

なす ……………………… 1/2本
しめじ …………………… 1/2パック

B
オイスターソース …… 大さじ1
しょうゆ ……………… 小さじ1
マヨネーズ …………… 小さじ1

下ごしらえ

①なすは食べやすい大きさに切り、水にさらしてアク抜きする。

③なすの水気を切り、しめじと一緒にクッキングシートの上に平たく並べ、キャンディのように包む。

鶏もも肉のやわらか蒸し鶏

材料（2人分）

鶏もも肉 …………………………………………… 1 枚
塩こしょう ………………………………………… 適量

C
- カンタン酢 …………………………………… 大さじ 2
- しょうゆ ………………………………………… 大さじ 1
- きざみしょうが ……………………………… 大さじ 1

レタス、ミニトマト、ディルなど ………………… お好みで

下ごしらえ

①鶏もも肉は厚さが均等になるように開き、両面に塩こしょうをふる。

②冷凍根菜ミックスが入っているポリ袋に入れる。

6

炊き上がったら、クッキングシートの２品と鶏もも肉を取り出す

7

おこわを混ぜたら炊飯器のふたを閉め、蒸らす

8

クッキングシートを開いてなすから水気を取り、B を加えて混ぜる

9

ポリ袋にスープの具材とDを入れてよく混ぜて耐熱ボウルに入れ、ポリ袋の口をくるっとひねって電子レンジで３分加熱する

10

それぞれを器に盛り、お好みでレタス、ミニトマト、ディルなどを添える。鶏肉にはCをのせ、スープにはきざみねぎを散らす

中華スープ

材料（2人分）

キャベツ ……………………… 1/8 個
にんじん ……………………… 1/4 本
ちくわ ………………………… 2 本

D
- 水 ………………………… 400mℓ
- 鶏がらスープの素　大さじ 1
- しょうゆ ………… 大さじ 1
- 片栗粉 …………… 大さじ 1

きざみねぎ ………………… 少々

下ごしらえ

①キャベツ、にんじん、ちくわを食べやすい大きさに切る。

②クッキングシートに平たく並べ、キャンディのように包む。

木曜日

鶏むね肉の
タンドリーチキンの献立

鶏むね肉のタンドリーチキン

にんじんラペ
マッシュポテト

木曜日のレシピ

鶏むね肉のタンドリーチキン

材料（2人分）

鶏むね肉……………………1枚
しめじ……………1/2パック
玉ねぎ…………………1/2個
砂糖……………………小さじ1
塩こしょう………………適量

A
きざみにんにく…小さじ2
きざみしょうが…小さじ2
ヨーグルト………大さじ5
ケチャップ……大さじ1.5
カレー粉………大さじ1.5
料理酒…………大さじ1

レタス、ミニトマト、
チャービルなど……お好みで

下ごしらえ

①鶏むね肉の皮を取り、フォークで両面を刺して砂糖、塩こしょうをかけてなじませる。

②玉ねぎは細切りにする。しめじは裂く。①は薄くそぎ切りにする。

③Aを加え、全体がなじむように軽く揉む。

作り方

1 下ごしらえした材料をポリ袋に入れたまま、大きめの耐熱皿に広げるようにのせ、ポリ袋の口を折りたたんで電子レンジで3分加熱する。

2 一度取り出して裏返し、さらに4分加熱する。器に盛り、お好みでレタス、ミニトマト、チャービルなどを添える。

にんじんラペ

材料（2人分）

にんじん………………1本
オリーブオイル…大さじ2
カンタン酢………大さじ2
砂糖……………小さじ1/2
塩こしょう……………適量

作り方

1 にんじんをピーラーで薄くスライスし、ポリ袋に入れる。

2 残りの材料をすべて加えてよく混ぜる。

3 ポリ袋の空気を抜いて口を結び、冷蔵庫で保存する。味が染みたら完成！

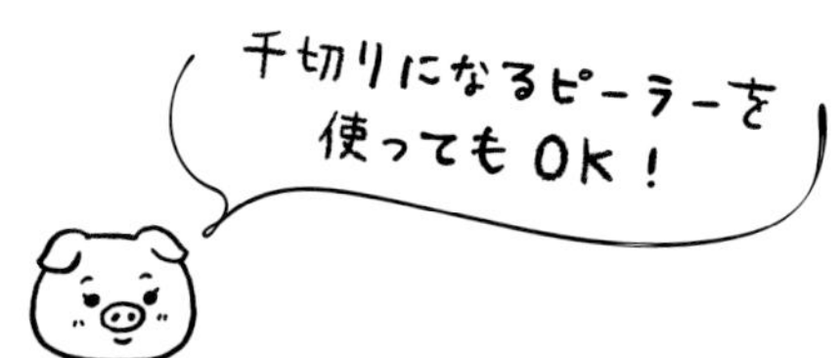

マッシュポテト

材料（2人分）

じゃがいも……………………………………2個

A
- バター……………………………………大さじ2
- 粉チーズ…………………………………大きじ2
- 豆乳………………………………………大さじ3
- 塩こしょう………………………………適量

パセリ……お好みで

作り方

1. じゃがいもは皮をむいて薄切りにし、ポリ袋に入れる。
2. 耐熱皿に広げるようにのせ、ポリ袋の口をくるっとひねって電子レンジで2分加熱する。
3. じゃがいもをポリ袋の上から潰し、さらに1分30秒加熱する。
4. Aを加え、全体がなじむように軽く揉む。器に盛り、お好みでパセリのみじん切りをのせる。

順番

1. にんじんラペを作り、冷やす
2. タンドリーチキンをレンチン
3. じゃがいもを切り、ポリ袋に入れる
4. タンドリーチキンを裏返し、さらにレンチン
5. じゃがいもをレンチン
6. 彩りの野菜を添えながら、3品を盛りつける

照り焼きつくねの献立

切り干しだいこんとわかめのみそ汁

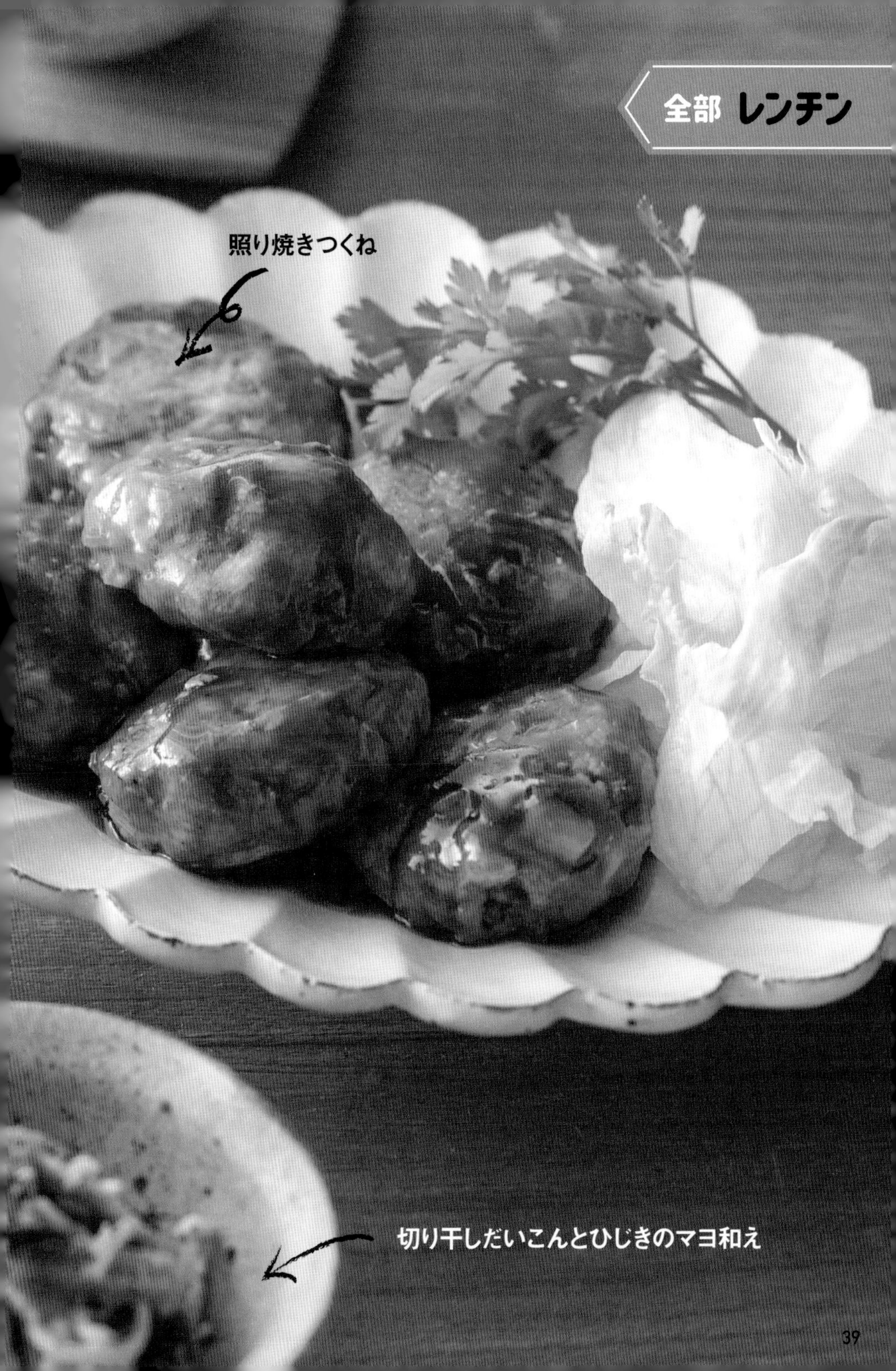

照り焼きつくね

切り干しだいこんとひじきのマヨ和え

金曜日のレシピ

照り焼きつくね

材料（2人分）

豚ひき肉……………………300g
玉ねぎ………………………3/4個
えのき………………………1/2袋

A
片栗粉………大さじ2～3
きざみしょうが…小さじ2
塩こしょう……………適量
しょうゆ…………大さじ3

〈照り焼きのタレ〉
しょうゆ………………大さじ4
みりん…………………大さじ4
料理酒…………………大さじ2
砂糖……………………大さじ3
片栗粉…………………小さじ1/2

レタス、チャービルなど
…………………………お好みで

下ごしらえ

①玉ねぎとえのきは粗みじん切りにし、ポリ袋に入れる。
②豚ひき肉とAを加え、全体がなじむように軽く揉む。

作り方

1. 下ごしらえした肉だねを12等分にして丸める。
2. 耐熱皿の上にクッキングシートを敷いて中央に①を並べ、封筒のように四角く包んで電子レンジで3分加熱する。
3. 一度取り出し、つくねをひっくり返して包み直し、さらに2分加熱する。
4. 深めの耐熱皿にクッキングシートを敷き、〈照り焼きのタレ〉の材料をすべて入れてよく混ぜる。電子レンジで30秒加熱する。
5. 一度取り出してよく混ぜ、さらに20～30秒加熱する。
6. ③を器に盛って⑤をかけ、お好みでレタス、チャービルなどを添える。

切り干しだいこんとわかめのみそ汁

材料（2人分）

切り干しだいこん
…マヨ和えからちょっと拝借
乾燥わかめ………ひとつまみ
みそ……………………大さじ2
顆粒だし…………………5g
水…………………………400mℓ

作り方

1. ポリ袋にすべての材料を入れてよく混ぜる。
2. 耐熱ボウルに入れ、ポリ袋の口をくるっとひねって電子レンジで3分加熱する。

具材はマヨ和えから
ちょっと拝借して
時短するのがコツ♡

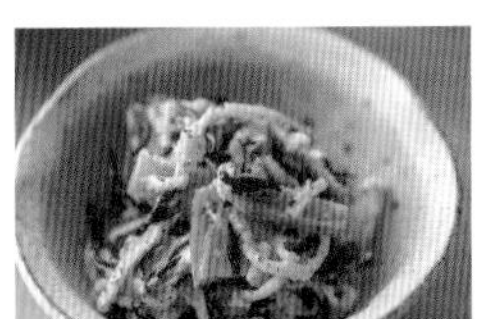

切り干しだいこんとひじきのマヨ和え

材料（2人分）

切り干しだいこん……20g
ひじき……10g
にんじん……1/4 本
ハム……4 枚

A
- マヨネーズ……大さじ 3
- めんつゆ……大さじ 2
- すりごま……大さじ 2
- カンタン酢……大さじ 1
- 鶏がらスープの素……小さじ 1

作り方

1 切り干しだいこん、ひじきはポリ袋にまとめて入れ、水（分量外）で戻しておく。
2 にんじんはピーラーで薄くスライスする。ハムは食べやすい大きさに切る。
3 ①のポリ袋の口をすぼめ、中の具材が落ちないようにしながら水気を切る。
4 ②と A を加え、全体がなじむように軽く揉む。

ポリ袋のまま水気を切るのが難しいときはザルを使ってね♪

順番

1 切り干しだいこんとひじきを水で戻す
2 つくねをレンチン
3 マヨ和えを作る
4 つくねを裏返し、さらにレンチン
5 みそ汁の材料を混ぜる
6 照り焼きのタレをレンチン
7 彩りの野菜を添えながら、つくねを盛りつける
8 みそ汁をレンチン
9 マヨ和えを盛りつける
10 つくねにタレをかける
11 みそ汁を盛りつける

洗い物なし！
具だくさんおにぎり

ラップやポリ袋を使えば、手も器も汚さずにおにぎりが作れちゃう！
食べるときも、手がベタベタになりません。

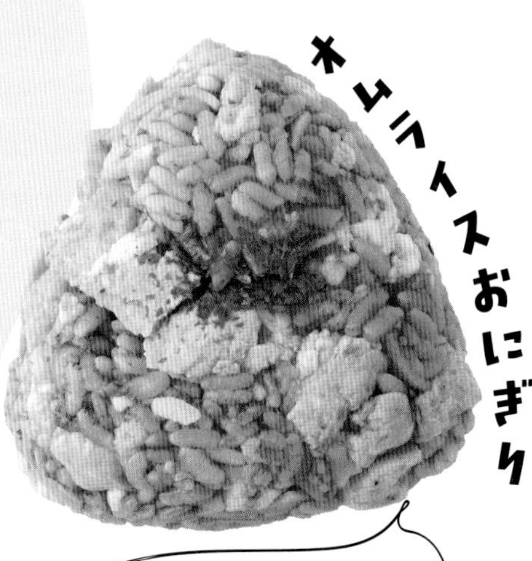

オムライスおにぎり

ざっくりと混ざった卵がいい感じ！

材料（2個分）

ごはん……茶碗2杯分
ハム……2枚

A
- ケチャップ……大さじ4
- コンソメ……小さじ1
- 粉チーズ……大さじ2～3

卵……2個
豆乳……大さじ3
塩こしょう……少々

乾燥パセリ……適量

作り方

1 耐熱ボウルにラップを敷き、ごはん、小さく切ったハム、**A**を入れてよく混ぜ、ポリ袋の口をくるっとひねって電子レンジで1分加熱する。

2 ポリ袋に卵、豆乳、塩こしょうを入れ、卵の白身を切るように揉み混ぜる。耐熱ボウルに入れ、ポリ袋の口をくるっとひねって電子レンジで1分加熱する。

3 一度取り出し、卵を潰しながらなじませたら、さらに20～30秒加熱する。①に加え、軽く混ぜる。2等分にしておにぎりにし、乾燥パセリをふる。

韓国風おにぎり

これはまさしくキンパのお味♡

材料（2個分）

ごはん……茶碗2杯分
白菜キムチ……10g
たくあん……3cm
ツナ（水煮）……1缶
韓国のりフレーク……大さじ4

A
- ごま油……小さじ2
- 炒りごま……小さじ1
- 塩……少々

作り方

1 キムチとたくあんを小さく切る。

2 ボウルにラップを敷いてごはんを入れ、**A**を入れてよく混ぜる。

3 残りの材料と①を加え、さらに混ぜる。2等分にしておにぎりにする。

みそマヨチキンおにぎり

材料（2個分）

ごはん……茶碗 2 杯分
サラダチキン……2 枚
塩……少々

A
きざみしょうが……小さじ 1/2
マヨネーズ……小さじ 2
みそ……大さじ 1/2

作り方

1 ボウルにラップを敷いてごはんを入れ、塩をふってよく混ぜる。

2 深めの器にラップを敷いて、A を入れて混ぜる。サラダチキンをちぎりながら加え、和える。

3 ①を 2 等分にして中に②を入れ、おにぎりにする。

上からはみ出した具がおいしそう！

外側にも具をのせて大迫力のおにぎりに！

照り焼きチキンおにぎり

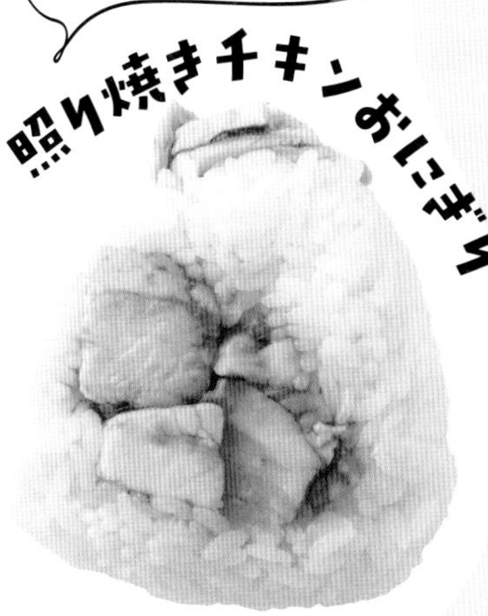

材料（2個分）

ごはん……茶碗 2 杯分
サラダチキン……2 枚
塩……少々

A
しょうゆ……小さじ 2
みりん……小さじ 2
砂糖……小さじ 1.5
料理酒……小さじ 2
片栗粉……小さじ 1

作り方

1 ボウルにラップを敷いてごはんを入れ、塩をふってよく混ぜる。

2 深めの器にクッキングシートを敷き、A を入れて混ぜ、電子レンジで 30 秒加熱する。取り出したらサラダチキンをちぎりながら加え、和える。

3 ①を 2 等分にして中に②を入れ、おにぎりにする。

ちょっとピリ辛で食欲モリモリ

のりを巻いてもイケてる～♡

ビビンバおにぎり

材料（2個分）

ごはん……茶碗 2 杯分
冷凍ほうれん草……ふたつまみ
にんじん（細切り）……ひとつまみ
サラダチキン……2 枚
塩……少々

A
韓国のりフレーク……大さじ 2
コチュジャン……小さじ 2
鶏がらスープの素……小さじ 2/3
ごま油……小さじ 1

作り方

1 ボウルにラップを敷いてごはんを入れ、塩をふってよく混ぜる。

2 冷凍ほうれん草は流水で解凍し、水気をよくしぼる。サラダチキンはちぎる。

3 ①のボウルに②を入れ、A を加えてよく混ぜる。2 等分にしておにぎりにする。

2 週目

モリモリ食べよう！

家族が大喜び献立

疲れが出てくる２週目は、帰ってくるのが楽しみになる定番メニューを準備。
栄養が偏らないよう、肉、魚、野菜のバランスも考えました。

お買い物リスト

肉・魚

- □ 豚こま切れ肉……200g
- □ 合いびき肉……300g
- □ カレイ……２切れ
- □ 鮭……２切れ

残りは土日に♡

野菜類

- □ キャベツ……1/8 個
- □ にんじん……１本
- □ 玉ねぎ……１個
- □ じゃがいも……２個
- □ かぼちゃ……1/8 個
- □ ブロッコリー……１株
- □ ほうれん草……１袋
- □ きゅうり……１本
- □ ピーマン……１袋
- □ トマト……３個
- □ 赤パプリカ……１個
- □ しめじ……１パック
- □ きざみねぎ……１パック

残りはレンチンして冷凍！

残りは３週目の火曜日に使うよ！

１週目で買っているもの

- □ なす

飾りの野菜

- □ レタス、イタリアンパセリなど

お好みで準備してね

卵・加工品

- □ 卵……５個
- □ カレールー……１箱
- □ コーン（水煮）……１缶
- □ たけのこ（水煮）……１個
- □ ツナ（水煮）……３缶
- □ ハム……８枚
- □ 豆乳……１パック
- □ かまぼこ……１本

前の週の残りを使うよ！

かまぼこの残りは冷凍保存して４週目の金曜日に使ってね！

冷凍食品

- □ 冷凍うどん……２玉

乾物

- □ かつお節
- □ レーズン
- □ 春雨

１週目で買っているもの

- □ 乾燥パセリ、乾燥わかめ、乾燥ひじき、干ししいたけ、切り干しだいこん

主食・油・調味料などの必需品

- □ ブラックペッパー、炒りごま、梅ペースト、パン粉、薄力粉

１週目で買っているもの

- □ 米、ごま油、バター、すりごま、粉チーズ、片栗粉

メインの下ごしらえ、
完了!!

それぞれのレシピを確認して
1週間分、一気に下ごしらえします

月
冷蔵
野菜たっぷり
キーマカレー

火
冷蔵
鮭の照り焼き

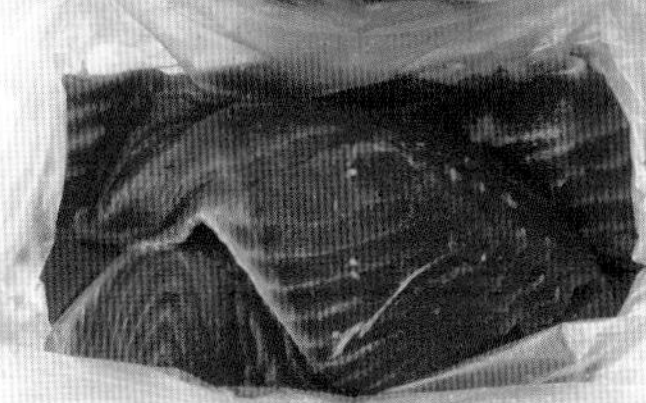

水
冷蔵
焼きうどん

冷凍した食材は
前日の晩に冷蔵庫に移して
解凍しておいてね!

木
冷凍
チンジャオロースー

こんな感じに結んでね

金
冷凍
カレイのシチュー

揚げないコロッケ
野菜スープ
野菜たっぷりキーマカレー

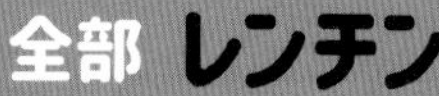

月曜日

野菜たっぷり キーマカレーの献立

月曜日のレシピ

野菜たっぷりキーマカレー

材料（2人分）

合いびき肉……300g
トマト……1個
玉ねぎ……1/2個
にんじん……1/3本
赤パプリカ……1/2本
なす……1/2本
ほうれん草……1/2袋
しめじ……1/3パック
カレールー……100g

A
きざみにんにく…小さじ1
きざみしょうが…小さじ1
ウスターソース…大さじ1
ケチャップ……大さじ2
水……150mℓ

卵の黄身……2個
乾燥パセリ……少々

下ごしらえ

①トマト、玉ねぎ、にんじん、パプリカ、なすは1cmくらいの角切りにする。ほうれん草としめじも同じくらいの大きさに切る。
②ひき肉は塩こしょうをふり、ラップで包む。
③野菜とラップに包んだひき肉をポリ袋に入れる。

作り方

1 ひき肉をポリ袋から取り出す。カレールーはきざんでおく。
2 野菜はポリ袋に入れたまま、大きめの耐熱皿に広げるようにのせ、ポリ袋の口を折りたたんで電子レンジで2分加熱する。
3 耐熱皿の上にクッキングシートを敷いて中央にひき肉をのせ、キャンディのように包んで電子レンジで3分加熱する。取り出したら、菜箸でほぐす。
4 耐熱ボウルに②を移してAを入れ、ポリ袋の口をくるっとひねって電子レンジで3分加熱する。
5 きざんだカレールーと③を加え、よく混ぜる。器に盛り、卵の黄身をのせ、パセリをふる。

目玉焼きをのせても
GOODです

野菜はカレーの工程②で
加熱したものをスープに
少しだけ回してね！

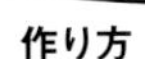

野菜スープ

材料（2人分）

野菜……カレーからちょっと拝借
鶏がらスープの素……大さじ1
塩こしょう……適量
水……400mℓ

作り方

1 ポリ袋にすべての材料を入れてよく混ぜる。
2 耐熱ボウルに入れ、ポリ袋の口をくるっとひねって電子レンジで3分加熱する。

揚げないコロッケ

材料（2人分）

じゃがいも……2個
パン粉……30g
バター……大さじ1

A
- 粉チーズ……大さじ2
- 豆乳……大さじ2
- 砂糖……小さじ1/2
- バター……大さじ1
- 塩こしょう……適量
- コンソメ……小さじ1

レタス……お好みで

作り方

1. じゃがいもは皮をむいて薄切りにし、ポリ袋に入れる。水（分量外）を入れ、少しおいておく。
2. ポリ袋の口をすぼめ、中の具材が落ちないようにしながら水気を切る。ポリ袋に入れたまま大きめの耐熱皿に広げるようにのせ、ポリ袋の口を折りたたんで電子レンジで3分加熱する。
3. クッキングシートにパン粉をのせ、バターを軽くなじませたらトースターで3分加熱する。
4. じゃがいもをポリ袋の上から潰し、**A**を加えてさらに揉み混ぜる。
5. 2等分して小判型に成形し、③をまぶす。器に盛り、お好みでレタスを添える。

チューブのバターが
やわらかくて使いやすいです

1. キーマカレーの野菜をレンチン
2. クッキングシートでひき肉を包む
3. カレールーをきざむ
4. ひき肉をレンチン
5. 野菜に調味料と水を入れレンチン
6. じゃがいもをむいて水にさらす
7. 野菜にカレールーとひき肉を混ぜる
8. じゃがいもの水を切ってレンチン
9. パン粉をトースターで焼く
10. じゃがいもを潰す
11. スープをレンチン
12. じゃがいもを丸め、パン粉をまぶす
13. 彩りの野菜を添えながら、3品を盛りつけたら完成！

鮭の照り焼き
かぼちゃの
カレー風味サラダ
わかめごはん

ほうれん草のみそ汁

火曜日

鮭の照り焼きの献立

火曜日のレシピ

鮭の照り焼き

材料（2人分）

鮭……2切れ

A	片栗粉	小さじ2
	しょうゆ	大さじ2
	みりん	大さじ2
	料理酒	大さじ1
	砂糖	小さじ2

レタス……お好みで

下ごしらえ

鮭とAをポリ袋に入れ、全体がなじむように軽く揉む。

ポリ袋から出したら
クッキングシートで包んでね

作り方＆順番

1. 炊飯器に乾燥わかめ、B、洗った米を入れてさっと混ぜ、2合の目盛りまで水を入れる
2. 上にクッキングシートに包んだ鮭、かぼちゃ、ほうれん草をのせる
3. 炊飯器のふたを閉め、通常モードで炊飯する
4. 炊き上がったらクッキングシートの3品を取り出す

わかめごはん

材料（2人分）

米……2合
乾燥わかめ……大さじ2～3
水……2合分

B	顆粒だし	5g
	みりん	大さじ1
	しょうゆ	大さじ1
	塩	小さじ1/2

炒りごま……適量

下ごしらえ

米は洗ってザルにあげておく。

わかめの量はお好みで
加減してみてね

かぼちゃのカレー風味サラダ

材料（2人分）

かぼちゃ……1/8個
玉ねぎ……1/4個
レーズン……適量

C
- マヨネーズ……大さじ2
- カレー粉……小さじ1
- 塩こしょう……適量

乾燥パセリ……少々

下ごしらえ

①かぼちゃは小さめに切り、クッキングシートにのせキャンディのように包む。
②玉ねぎは薄切りにし、水にさらしておく。

かぼちゃを潰すときは
熱いのでタオルを
かけて作業しよう！

5
ごはんに炒りごまをふって混ぜ、炊飯器のふたを閉め、蒸らす

6
かぼちゃはクッキングシートの上から潰し、玉ねぎ、レーズン、Cを加えて混ぜる

7
ポリ袋にほうれん草、乾燥わかめ、Dを入れてよく混ぜ、耐熱ボウルに入れる。ポリ袋の口をくるっとひねって電子レンジで3分加熱する

8
それぞれを器に盛り、お好みでレタスなどを添える。みそ汁にはきざみねぎをのせ、かぼちゃサラダにはパセリをふる

ほうれん草のみそ汁

材料（2人分）

ほうれん草……1/2袋
乾燥わかめ……ひとつまみ

D
- みそ……大さじ2
- 顆粒だし……5g
- 水……400mℓ

きざみねぎ……少々

下ごしらえ

ほうれん草は食べやすい大きさに切り、クッキングシートにのせてキャンディのように包む。

トマトと卵の中華炒め
焼きうどん

水曜日

焼きうどんの献立

たけのことわかめの梅和え

水曜日のレシピ

焼きうどん

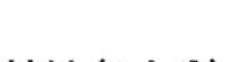

材料（2人分）

冷凍うどん……………… 2 玉
キャベツ……………… 1/8 個
しめじ………… 1/3 パック
にんじん（薄切り）…… 10 枚
かまぼこ………………… 5cm
ツナ（水煮）…………… 1 缶

A
- 顆粒だし……… 小さじ 1
- しょうゆ……… 大さじ 2
- めんつゆ……… 大さじ 2
- 塩こしょう………… 適量

かつお節（小パック）…… 1 袋

下ごしらえ

野菜とかまぼこは食べやすい大きさに切り、ポリ袋に入れる。

作り方

1 下ごしらえした材料をポリ袋に入れたまま、大きめの耐熱皿に広げるようにのせ、ポリ袋の口を折りたたんで電子レンジで 2 分加熱する。

2 一度取り出して水気を切ったツナとうどんを冷凍のままで加え、さらに 7 分加熱する。

3 ポリ袋に **A** を加えて混ぜる。器に盛り、かつお節をかける。

たけのことわかめの梅和え

材料（2人分）

たけのこ（水煮）……………… 1/2 個
乾燥わかめ………………………… 適量
梅ペースト……………………… 大さじ 1
めんつゆ………………………… 大さじ 1

かつお節………………………… 1 袋

作り方

1 たけのこは食べやすい大きさに切り、水で洗う。乾燥わかめは水で戻しておく。

2 水気をしっかり切ってポリ袋に入れ、梅ペースト、めんつゆを加えよく混ぜる。器に盛り、かつお節をのせる。

トマトと卵の中華炒め

材料（2人分）

- トマト………1個
- 卵………3個
- 鶏がらスープの素………小さじ2
- めんつゆ………大さじ2
- 塩こしょう………適量

作り方

1. ポリ袋にトマト以外の材料をすべて入れ、卵の白身を切るように揉み混ぜる。
2. トマトは大きめの角切りにし、①に加えて混ぜる。
3. ポリ袋に入れたまま大きめの耐熱皿にのせ、ポリ袋の口をくるっとひねって電子レンジで2分加熱する。
4. 一度取り出し、卵を潰しながらなじませたら、さらに1分加熱する。

卵がやわらかいほうが好みの人は加熱時間を短く設定してみて♡

1. 焼きうどんの野菜をレンチン
2. たけのこを切り、乾燥わかめを水で戻す
3. ツナの水気を切る
4. 野菜のポリ袋にうどんとツナを加えてレンチン
5. 卵とトマトをポリ袋で混ぜる
6. 卵をレンチン
7. 梅和えを仕上げる
8. 卵を潰してさらにレンチン
9. 3品を盛りつけたら完成！

春雨中華サラダ
わかめスープ

トマトとツナのマヨしょうゆ和え

全部 レンチン

チンジャオロースー

木曜日

「チンジャオロースーの献立」

木曜日のレシピ

チンジャオロースー

材料（2人分）

豚こま切れ肉……200g
赤パプリカ……1/2 個
ピーマン……1 袋
たけのこ（水煮）……1/2 個

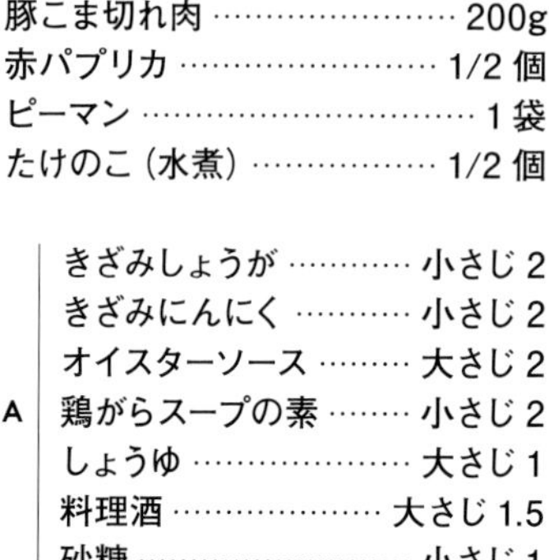

A
きざみしょうが……小さじ 2
きざみにんにく……小さじ 2
オイスターソース……大さじ 2
鶏がらスープの素……小さじ 2
しょうゆ……大さじ 1
料理酒……大さじ 1.5
砂糖……小さじ 1

片栗粉……大さじ 1.5
ごま油……大さじ 1

レタス、イタリアンパセリなど……お好みで

下ごしらえ

①パプリカ、ピーマン、たけのこを細切りにし、ポリ袋に入れる。

②豚肉と A を加え、全体がなじむように軽く揉む。

③片栗粉を振り入れ、よく揉み混ぜる。

作り方

1 耐熱皿の上にクッキングシートを敷き、下ごしらえした材料をポリ袋から出して中央におき、封筒のように四角く包んで電子レンジで 3 分加熱する。

2 一度取り出し、全体をよく混ぜて包み直し、さらに 2 分加熱する。

3 ごま油をかけ、全体になじませる。器に盛り、お好みでレタス、イタリアンパセリなどを添える。

春雨中華サラダ

材料（2人分）

春雨……16g
きゅうり……1 本
ハム……4 枚

A
炒りごま……大さじ 1
カンタン酢……大さじ 1.5
しょうゆ……大さじ 1.5
鶏がらスープの素……小さじ 1
ごま油……大さじ 1.5

作り方

1 ポリ袋に春雨とケトルで沸かしたお湯（分量外）を入れ、春雨を戻す。

2 きゅうり、ハムは細切りにする。

3 ①をザルにあけて水気を切り、水で締める。再度水気を切ってポリ袋に入れる。

4 ②と A を加え、よく混ぜる。

春雨を戻すときは
ポリ袋を耐熱ボウルに
セットするのがおすすめ

トマトとツナのマヨしょうゆ和え

材料（2人分）

トマト…………1個
ツナ（水煮）……1缶

A
すりごま………大さじ1
塩こしょう…………適量
しょうゆ………大さじ1
マヨネーズ……大さじ1

作り方

1 トマトは食べやすい大きさに切り、ポリ袋に入れる。

2 水を切ったツナとAを入れ、揉み混ぜる。

わかめスープ

材料（2人分）

乾燥わかめ……………………………ひとつまみ

A
塩こしょう…………………………………適量
しょうゆ…………………………………小さじ1
鶏がらスープの素………………………大さじ1
水…………………………………………400㎖

炒りごま…………………………………小さじ1
きざみねぎ…………………………………適量

作り方

1 ポリ袋に乾燥わかめとAを入れてよく混ぜる。

2 耐熱ボウルに入れ、ポリ袋の口をくるっとひねって電子レンジで3分加熱する。器に盛り、炒りごまときざみねぎを散らす。

順番

1 チンジャオロースーをレンチン

2 お湯を沸かし、春雨を戻す

3 チンジャオロースーを混ぜ、さらにレンチン

4 春雨のお湯を切り、水で締める

5 春雨サラダを仕上げる

6 わかめスープをレンチン

7 トマトの和え物を作る

8 彩りの野菜を添えながら、4品を盛りつけたら完成！

カレイのシチュー
ブロッコリーと
ツナのサラダ

全部 レンチン

にんじんとコーンのみそグラッセ

金曜日

カレイのシチューの献立

金曜日のレシピ

カレイのシチュー

材料（2人分）

カレイ……………… 2切れ
玉ねぎ……………… 1/4個
ブロッコリー………… 5房
ハム………………… 4枚
しめじ………… 1/3パック
豆乳………………… 300mℓ
薄力粉……… 大さじ4～5
塩こしょう…………… 適量
バター……………… 大さじ2
ブラックペッパー（粗びき）
……………………… 適量

下ごしらえ

①カレイの骨を包丁で取る。玉ねぎは薄切りにし、ブロッコリーとハムは食べやすい大きさに切る。しめじは裂く。

②①をポリ袋にすべて入れ、塩こしょうをふって全体がなじむように軽く揉む。

作り方

1 下ごしらえした材料をポリ袋に入れたまま、大きめの耐熱皿に広げるようにのせ、ポリ袋の口を折りたたんで電子レンジで3分加熱する。

2 一度取り出して裏返し、さらに1～2分加熱する。

3 豆乳、薄力粉、塩こしょうを加え、薄力粉が溶けるまでよく揉み混ぜる。

4 耐熱ボウルに入れ、ポリ袋の口をくるっとひねって電子レンジで2分加熱する。

5 一度取り出してよく混ぜ、さらに2分加熱する。

6 バターを加えてよく混ぜる。器に盛り、ブラックペッパーを散らす。

ブロッコリーとツナのサラダ

材料（2人分）

ブロッコリー………… 5房
ツナ（水煮）………… 1缶
めんつゆ………… 大さじ1
カンタン酢……… 大さじ1

作り方

1 ブロッコリーは食べやすい大きさに切り、ポリ袋に入れる。

2 ポリ袋に入れたまま、大きめの耐熱皿に広げるようにのせ、ポリ袋の口を折りたたんで電子レンジで2分加熱する。

3 残りの材料を加え、よく混ぜる。

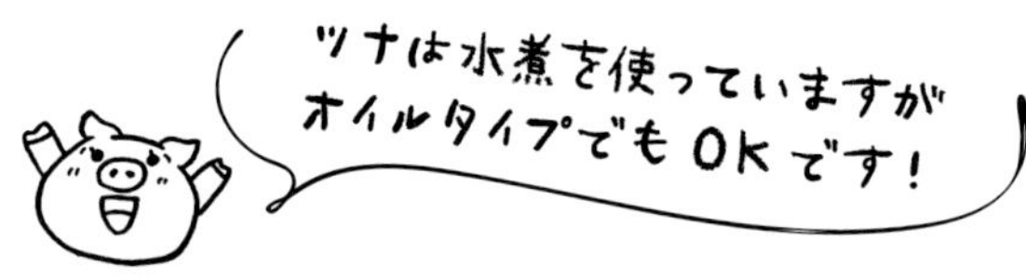

にんじんとコーンのみそグラッセ

材料（2人分）

にんじん ………… 1/3 本
コーン（水煮） ………… 1 缶

A
- 塩こしょう ………… 少々
- 水 ………… 60㎖
- みそ ………… 大さじ 1/2 〜 1
- しょうゆ ………… 小さじ 2
- みりん ………… 大さじ 1

バター ………… 大さじ 1

作り方

1 にんじんは小さめの角切りにし、ポリ袋に入れる。
2 ポリ袋に入れたまま、大きめの耐熱皿に広げるようにのせ、ポリ袋の口を折りたたんで電子レンジで 3 分加熱する。
3 コーンと **A** を加えてよく揉み混ぜたら、さらに 2 分加熱する。
4 バターを加え、よく混ぜる。

順番

1 シチューの具材をレンチン
2 にんじんをポリ袋に入れる
3 シチューの具材を裏返し、さらにレンチン
4 調味料、豆乳を加えてさらにレンチン
5 ブロッコリーをポリ袋に入れる
6 シチューを混ぜ、さらにレンチン
7 にんじんをレンチン
8 ブロッコリーをレンチン
9 にんじんにコーンと調味料を混ぜる
10 にんじんグラッセをレンチン
11 ブロッコリーとツナのサラダを仕上げる
12 にんじんグラッセにバターを加える
13 3 品を盛りつけたら完成！

簡単＆手作り ヘルシーデザート

レンチン or 冷蔵庫で冷やすだけでできる簡単デザート。
糖質をカットしているのに、大満足な味わいです♪

フルーチェヨーグルトゼリー

材料（2人分）

フルーチェ（イチゴ）……1袋
ヨーグルト……300㎖
生クリーム……100㎖
ゼラチン……10g
お湯……大さじ4

ミントなど……お好みで

作り方

1 フルーチェ、ヨーグルト、生クリームをポリ袋に入れ、よく混ぜる。

2 ゼラチンをお湯に溶かし、ポリ袋に加えてよく混ぜる。

3 深めの皿にポリ袋ごとのせ、冷蔵庫で2時間冷やす。固まったら器に盛り、お好みでミントなどをのせる。

コクがあるのに
やわらかぷるん♡

ブルーベリーお豆腐ケーキ

焦げ目をつけたいときは
250℃のオーブンで
15分焼いてね♡

材料（4人分）

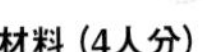

A
ホットケーキミックス……200g
卵……1個
絹豆腐……ミニパック1個
ブルーベリーヨーグルト……75g
豆乳……100㎖

ブルーベリーソース……大さじ3

作り方

1 ポリ袋に A をすべて入れ、空気を抜きながらしっかりと揉み混ぜる。

2 大きめの耐熱皿にクッキングシートを敷き、①を流し入れる。平らになるように菜箸でならし、ブルーベリーソースをかける。ラップはせずに、電子レンジで4分加熱する。

3 一度取り出して皿を反転させ、さらに4分加熱する。竹串で刺して液がつく場合は、様子を見ながら1分ずつ加熱していく。粗熱がとれたら、包丁で好きな大きさに切り、器に盛る。

豆乳バナナプリン

材料（2人分）

バナナ……1本
豆乳……200㎖
卵……1個
ゼラチン……8g
お湯……大さじ2

バナナの輪切り、ミントなど……お好みで

作り方

1 バナナをポリ袋に入れ、揉み潰す。

2 豆乳、卵を加え、白身を切るように揉み混ぜる。

3 ゼラチンをお湯に溶かし、ポリ袋に加えてよく混ぜる。

4 器に入れ、冷蔵庫で2～3時間冷やす。固まったら、お好みでバナナの輪切りやミントなどをのせる。

バナナと豆乳の
優しい甘さが沁みる♪

お豆腐ヘルシー白玉団子

プレートにのせると
町屋のカフェみたい！

材料（2人分）

白玉粉……250g
絹豆腐……ミニパック1個
水……適量
〈フルーツポンチ〉
白玉だんご……5個
みつ豆……1缶
〈きな粉白玉〉
白玉だんご……5個
きな粉……大さじ2
砂糖……大さじ1.5
〈白玉あんこ〉
白玉……5個
あんこ……大さじ2

作り方

1. 白玉粉、絹豆腐をポリ袋に入れ、よく混ぜる。
2. 耳たぶのやわらかさになるまで水を少しずつ加えながら、ポリ袋を揉み混ぜる。
3. ②を15等分して丸める。
4. 耐熱ボウルにポリ袋をセットし、ケトルで沸かしたお湯（分量外）をボウルの半分まで入れる。③を加え、ポリ袋の口をくるっとひねって電子レンジで2分30秒加熱する。
5. 5個はポリ袋に入れ、みつ豆を加えて和える。5個はきな粉＆砂糖をまぶす。5個はあんこをのせる。バランスを見ながら、器に盛る。

お豆腐レアチーズケーキ

ほんのり感じる
豆腐の風味が◎

材料（4人分）

クリームチーズ……100g
絹豆腐……ミニパック1個

A
ヨーグルト……200g
砂糖……大さじ4～5
レモン汁……大さじ2

ゼラチン……5g
お湯……大さじ2

ブルーベリーソース……適量

作り方

1. クリームチーズは室温に戻し、ポリ袋に入れる。
2. 絹豆腐とAを加え、なめらかになるまで揉み混ぜる。
3. ゼラチンをお湯に溶かし、ポリ袋に加えてよく混ぜる。
4. ポリ袋ごと型などに入れ、冷蔵庫で1～2時間ほど冷やす。お好みの形にカットし、ブルーベリーソースをかける。

バナナココア蒸しパン

ココアとバナナが
ベストマッチ！

材料（4人分）

バナナ……1本
ホットケーキミックス
……200g
絹豆腐
……ミニパック1個
ヨーグルト……100g
豆乳……100mℓ
ココア……大さじ3
卵……1個

ミントなど……お好みで

作り方

1. バナナをポリ袋に入れ、粗めに揉み潰す。
2. その他の材料をすべて入れ、よく揉み混ぜる。
3. 大きめの耐熱皿にクッキングシートを敷き、②を流し入れる。ラップはせずに、電子レンジで4分加熱する。
4. 一度取り出して皿を反転させ、さらに4分加熱する。竹串で刺して液がつく場合は、様子を見ながら1分ずつ加熱していく。器に盛り、お好みでミントなどを添える。

3週目

疲れをリセット

お肉&野菜いっぱい献立

肉と魚をしっかり下ごしらえ。作る当日は、新鮮野菜をたっぷり投入。
味がしっかり染み込んでいるから、野菜もおいしく仕上がります。

お買い物リスト

肉・魚

- □ 鶏もも肉……1枚
- □ 鶏ひき肉……500g
- □ 手羽先……8本
- □ 豚バラ肉……300g
- □ カレイ……2切れ

野菜類

- □ にんじん……1本
- □ 玉ねぎ……1個
- □ れんこん……1本
- □ さつまいも（小）……1本
- □ ほうれん草……1袋
- □ きゅうり……1本
- □ オクラ……1袋
- □ えのき……1袋
- □ しいたけ……1パック
- □ しめじ……1パック
- □ きざみねぎ……1パック

1・2週目に買ってあるもの

- □ 赤パプリカ、ブロッコリー（冷凍中）

飾りの野菜

- □ レタス、サニーレタス、トマトなど……お好みで

お好みで準備してね

卵・加工品

1パック買って残りは翌週に使うよ！

- □ 卵……3個
- □ うずらの卵（水煮）……6個
- □ カニカマ……1パック
- □ ハム……4枚
- □ 木綿豆腐……ミニパック2個
- □ トマト（水煮）……1缶
- □ 焼売の皮……1袋

冷凍食品

- □ 冷凍根菜ミックス……1袋

乾物

1・2週目に買ってあるもの

- □ 乾燥パセリ、乾燥わかめ、干ししいたけ

主食・油・調味料などの必需品

- □ パスタ（7分茹で）……1袋

1・2週目に買ってあるもの

- □ 米、オリーブオイル、ごま油、バター、すりごま、炒りごま、粉チーズ、片栗粉、薄力粉

メインの下ごしらえ、
完了!!

それぞれのレシピを確認して
1週間分、一気に下ごしらえします

月 冷蔵
ねぎ塩とろとろ手羽先

火 冷蔵
包まないカニカマ焼売

水 冷蔵
豚バラとれんこんの
ごまみそ炒め

冷凍した食材は
前日の晩に冷蔵庫に移して
解凍しておいてね!

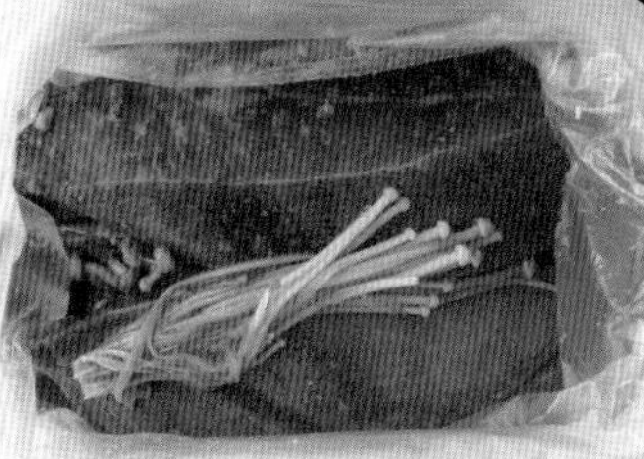

木 冷凍
カレイのみそ焼き

こんな感じに結んでね

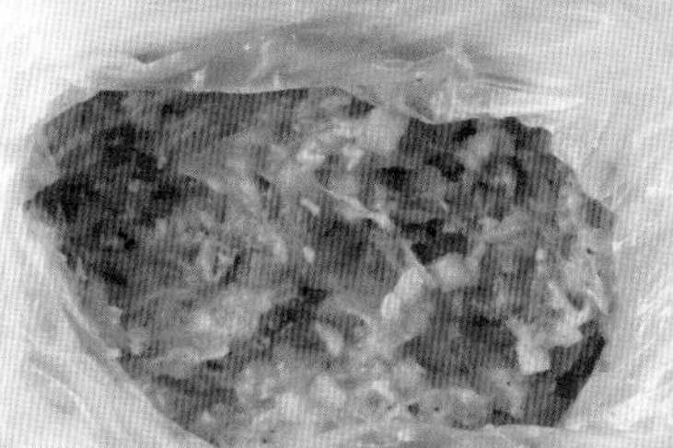

金 冷凍
ヘルシーミートパスタ

にんじんのごま和え

ねぎ塩とろとろ手羽先

3種のきのこ炊き込みごはん

全部 炊飯器

きのこのお吸い物

さつまいもバター蒸し

月曜日

ねぎ塩とろとろ手羽先と きのこ炊き込みごはんの献立

月曜日のレシピ

ねぎ塩とろとろ手羽先

材料（2人分）

手羽先 ………………………… 8本
しょうゆ ……………………… 大さじ2
塩こしょう …………………… 適量

〈ねぎ塩ダレ〉
きざみねぎ ………………… 大さじ2
ごま油 ……………………… 大さじ2
塩こしょう …………………… 適量

レタス、トマトなど …… お好みで

下ごしらえ

ポリ袋に手羽先、しょうゆ、塩こしょうを入れ、よく揉み混ぜる。

作り方&順番

1 炊飯器にAと洗った米を入れてさっと混ぜ、2合の目盛りまで水を入れる

2 きのこを米の上に平らにのせる

3 手羽先をのせる

4 クッキングシートに包んだ3品をあいているところにのせる

5 炊飯器のふたを閉め、炊き込みモードで炊飯する

6 炊き上がったら、クッキングシートの3品と手羽先を取り出す

お米ときのこは混ぜないでね！

さつまいもバター蒸し

材料（2人分）

さつまいも（小） …………… 1本
みりん ……………………… 大さじ1
砂糖 ………………………… 小さじ1
バター ……………………… 大さじ1

下ごしらえ

①さつまいもは1cmくらいの厚切りにし、食べやすい大きさに切ったら水にさらす。
②さつまいもの水気を切り、クッキングシートにのせる。
③みりん、砂糖をかけて、キャンディのように包む。

3 種のきのこ炊き込みごはん

材料（2人分）

米 ……………………… 2 合
えのき ……………… 1/2 袋
しめじ ………… 1/2 パック
しいたけ ………… 1 パック
水 …………………… 2 合分

A
しょうゆ ……… 大さじ 3
みりん ………… 大さじ 1
料理酒 ………… 大さじ 1
顆粒だし ……………… 5g
塩 ……………… 小さじ 1

下ごしらえ

①えのきは半分に切り、手でほぐす。しめじは裂く。しいたけは石づきを取って薄切りにする。石づきもみじん切りにする。

②米は洗ってザルにあげておく。

きのこを切ったら
お吸い物用に少し
取り分けてね！

にんじんのごま和え

材料（2人分）

にんじん ………… 1/2 本
すりごま ……… 大さじ 2
めんつゆ ……… 小さじ 1

下ごしらえ

にんじんは細切りにし、クッキングシートに入れてキャンディのように包む。

7 炊き込みごはんを混ぜたら炊飯器のふたを閉め、蒸らす

8 ポリ袋にきのことBを入れてよく混ぜ、耐熱ボウルに入れる。ポリ袋の口をくるっとひねって電子レンジで2分30秒加熱する

9 さつまいもにバターを加え、さっと混ぜる

10 にんじんにすりごま、めんつゆをかけてさっと混ぜる

11 それぞれを器に盛り、お好みでレタス、ミニトマトなどを添える。手羽先にはねぎ塩ダレをかけ、スープには炒りごまを散らす

きのこのお吸い物

材料（2人分）

きのこ …. 炊き込みごはんからちょっと拝借

B
白だし …………… 大さじ 2
水 ………………………… 400mℓ
塩 ……………… ひとつまみ
しょうゆ ………… 大さじ 1

炒りごま……少々

下ごしらえ

炊き込みごはん用のきのこを少しとり、クッキングシートにのせてキャンディのように包む。

オクラのおひたし

パプリカとうずらの甘酢和え

包まないカニカマ焼売

火曜日

全部 レンチン

包まない カニカマ焼売の献立

火曜日のレシピ

包まないカニカマ焼売

材料（2人分）

鶏ひき肉 ……………… 200g
玉ねぎ ………………… 1/2 個
カニカマ ………… 1/2 パック
木綿豆腐 … ミニパック 1 個
焼売の皮 ……………… 1 袋

A
片栗粉 ………… 大さじ 2
オイスターソース …………………… 小さじ 2
しょうゆ ……… 大さじ 2
料理酒 ………… 大さじ 1

レタス …………… お好みで

下ごしらえ

①玉ねぎはみじん切りに、カニカマは細く裂いてポリ袋に入れる。

②鶏ひき肉、木綿豆腐、A を加え、よく揉み混ぜる。

作り方

1. 焼売の皮を細切りにする。
2. クッキングシートを敷き、焼売の皮を半量だけ広げるようにのせる。
3. 焼売の具を 2 ～ 3cm くらいの厚みになるようにのせ、ポリ袋より 1 回り小さいくらいの大きさになるように整える。残りの焼売の皮をのせる。
4. ③をスライドさせるようにポリ袋に入れ、そのまま大きめの耐熱皿にのせ、ポリ袋の口を折りたたんで電子レンジで 4 分加熱する。
5. 一度取り出して裏返し、さらに 4 分加熱する。
6. 食べやすい大きさに切り、器に盛る。お好みでレタスを添える。

きざみしょうが、
きざみにんにく、
カンタン酢、しょう油を混ぜると
おいしいつけダレになります

オクラのおひたし

材料（2人分）

オクラ …………………… 1 袋
塩 ………………………… 適量

A
すりごま ……… 大さじ 1
白だし ………… 大さじ 1
水 ……………… 大さじ 1

作り方

1. オクラは塩揉みし、ポリ袋に入れる。
2. ポリ袋に入れたまま大きめの耐熱皿に広げるようにのせ、ポリ袋の口を折りたたんで電子レンジで 1 分加熱する。
3. ポリ袋に水を入れ、オクラを水で締める。
4. 水気を切ったら A を加え、全体がなじむように軽く揉む。

P16～17の「ズボラ副菜」の
オクラバージョンです

パプリカとうずらの甘酢和え

材料（2人分）

うずらの卵（水煮）……6個
赤パプリカ……1/2個
片栗粉……小さじ1/2
しょうゆ……大さじ2
カンタン酢……大さじ2
砂糖……大さじ1

作り方

1 うずらの卵は爪楊枝で5～6か所穴をあける。パプリカは食べやすい大きさに切る。
2 ポリ袋にすべての材料を入れ、よく揉み混ぜる。
3 ポリ袋に入れたまま大きめの耐熱皿に広げるようにのせ、ポリ袋の口を折りたたんで電子レンジで2分加熱する。

うずらの卵に穴をあけ忘れると
レンチンしたときに
爆発することが
あるので注意してね！

順番

1 焼売の肉を再度揉み混ぜる
2 焼売の皮を切り、クッキングシートに広げる
3 焼売の具をのせ、残りの皮をのせる
4 焼売をレンチン
5 うずらとパプリカの準備をする
6 甘酢和えをレンチン
7 オクラを塩揉みしてポリ袋へ
8 焼売を裏返し、さらにレンチン
9 オクラをレンチン
10 オクラを水で締め、調味料と和える
11 レタスを添えながら、3品を盛りつけたら完成！

水曜日

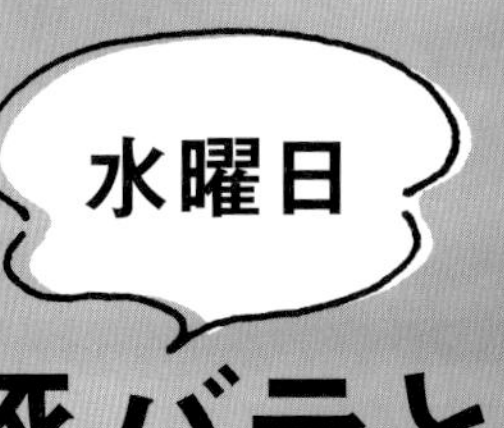

豚バラとれんこんのごまみそ炒めの献立

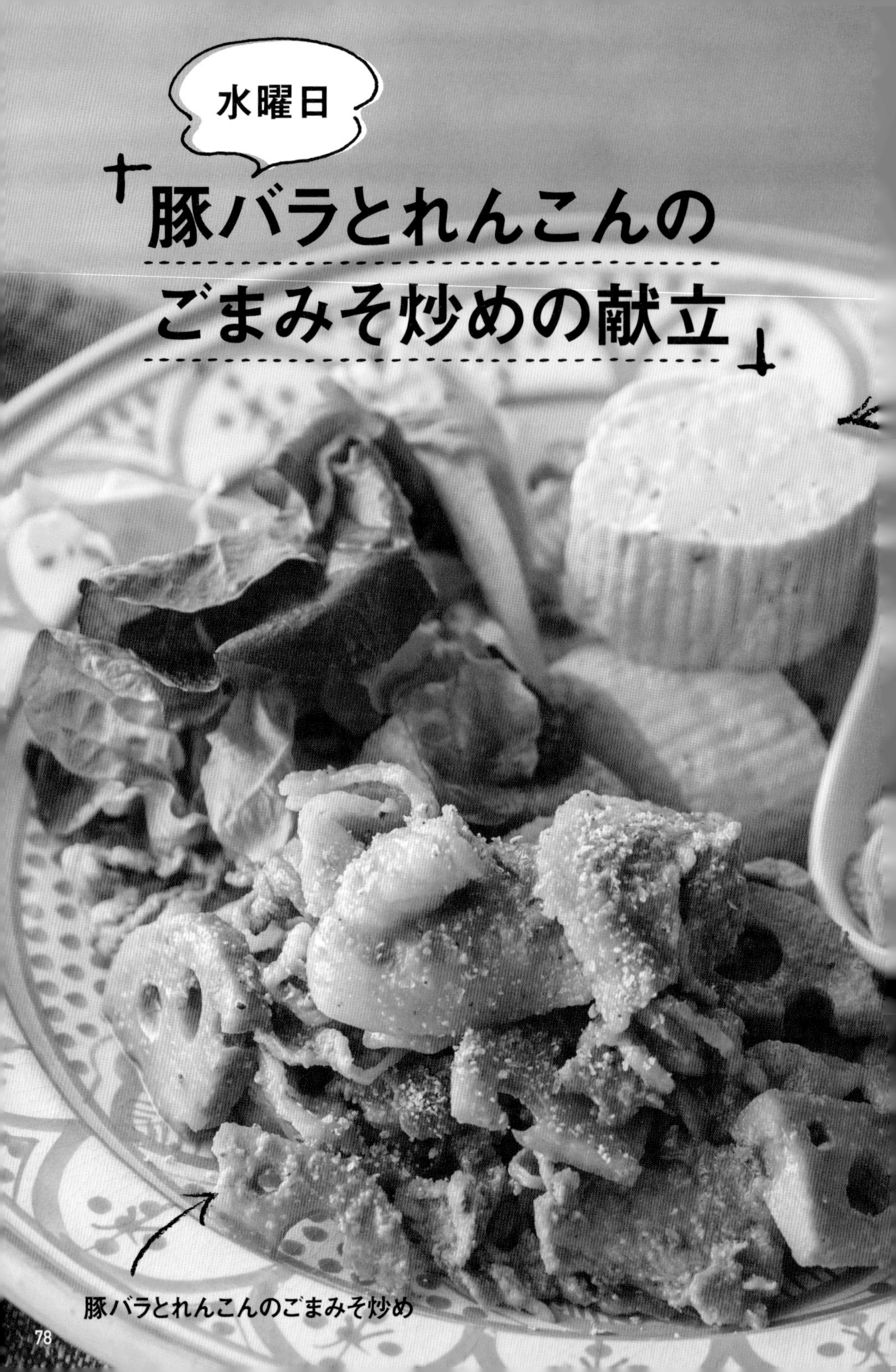

豚バラとれんこんのごまみそ炒め

全部 レンチン

ねぎ入り卵焼き

きゅうりと
カニカマの酢の物

れんこんと
わかめのみそ汁

水曜日のレシピ

豚バラとれんこんのごまみそ炒め

材料（2人分）

豚バラ肉……………………300g
れんこん……………………1本

A
みそ……………大さじ1.5
みりん…………大さじ1
砂糖……………小さじ1
料理酒…………大さじ1
しょうゆ………小さじ2
すりごま………大さじ3
塩こしょう……………少々

サニーレタスなど
……………………お好みで

下ごしらえ

①れんこんは皮をむいて輪切りにし、ポリ袋に水と酢（分量外）を入れてしばらくおく。
②ポリ袋の口をすぼめ、中の具材が落ちないようにしながら水気を切る。
③豚肉とAを加え、よく揉み混ぜる。

作り方

1 耐熱皿の上にクッキングシートを敷き、下ごしらえした材料をポリ袋から出して中央におき、封筒のように四角く包んで電子レンジで3分加熱する。
2 一度取り出し、全体をよく混ぜて包み直し、さらに3分加熱する。器に盛り、お好みでサニーレタスなどを添える。

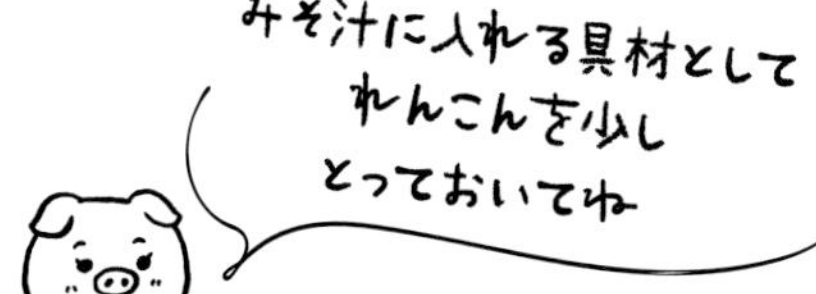

ねぎ入り卵焼き

材料（2人分）

卵………………………………3個
きざみねぎ……………………少々
白だし…………………………小さじ1
水………………………………大さじ1

作り方

1 ポリ袋にすべての材料を入れ、卵の白身を切るように揉み混ぜる。
2 耐熱皿にのせ、ポリ袋の口をくるっとひねって電子レンジで1分30秒加熱する。
3 一度取り出し、卵を潰しながらなじませる。
4 さらに30秒加熱したら、ポリ袋のまま巻きすで形を整える。食べやすい大きさに切り、器に盛る。

取り出したあとは熱いので
タオルを巻いてから
ポリ袋を揉んでね♡

きゅうりとカニカマの酢の物

材料（2人分）

きゅうり……1本
カニカマ……1/2パック

A
- すりごま……大さじ3
- カンタン酢……大さじ1.5
- しょうゆ……小さじ1
- 塩……少々

作り方

1 きゅうりをスライサーで薄切りにしたら、ポリ袋に入れて塩揉みする。カニカマは細く裂く。

2 ポリ袋の口をすぼめ、中の具材が落ちないようにしながら水気を切る。カニカマ、Aを入れ、よく揉み混ぜる。

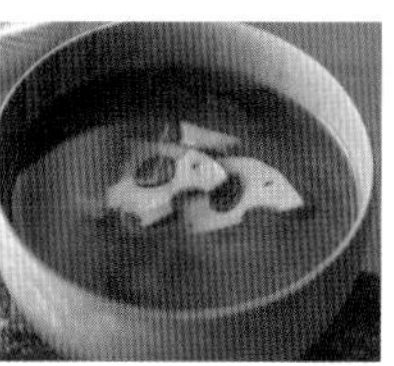

れんこんとわかめのみそ汁

材料（2人分）

れんこん……ごまみそ炒めからちょっと拝借
乾燥わかめ……大さじ1
みそ……大さじ2
顆粒だし……5g
水……400mℓ

作り方

1 ポリ袋にすべての材料を入れてよく混ぜる。

2 耐熱ボウルに入れ、ポリ袋の口をくるっとひねって電子レンジで3分加熱する。

順番

1 ごまみそ炒めをレンチン
2 きゅうりをスライスし塩揉み
3 卵焼きの材料を混ぜる
4 ごまみそ炒めを取り出して混ぜ、さらにレンチン
5 きゅうりの水気を切り、酢の物を仕上げる
6 みそ汁の材料を混ぜる
7 卵焼きをレンチン
8 卵を潰して、さらにレンチン
9 みそ汁をレンチン
10 卵焼きの形を巻きすで整える
11 彩りのサニーレタスを添えながら、3品を盛りつける
12 お椀にみそ汁を注いだら、完成！

カレイのみそ焼きの献立

筑前煮

全部 レンチン

ほうれん草と
豆腐のお吸い物

ほうれん草のおひたし

カレイのみそ焼き

木曜日のレシピ

カレイのみそ焼き

材料（2人分）

カレイ……………………2切れ
えのき……………………1/2袋

A
きざみしょうが…小さじ1
みそ………………大さじ2
しょうゆ…………小さじ2
料理酒……………大さじ1
みりん……………大さじ1
砂糖………………小さじ2

きざみねぎ………………少々
レタス、トマトなど
………………………お好みで

下ごしらえ

①えのきは半分に切り、ほぐす。
②ポリ袋にカレイとAを入れ、全体がなじむように軽く揉んだら、えのきを上にのせる。

作り方

1 耐熱皿の上にクッキングシートを敷き、下ごしらえした材料をポリ袋から出して1人前ずつ中央におき、キャンディのように包んで電子レンジで3分加熱する。
2 器に盛り、きざみねぎをのせる。お好みでレタス、トマトなどを添える。

筑前煮

材料（2人分）

冷凍根菜ミックス…………1袋
干ししいたけ………………2枚
鶏もも肉……………………1枚

A
しいたけ戻し汁……100mℓ
水……………………200mℓ
顆粒だし………………5g
しょうゆ…………大さじ5
みりん……………大さじ4
料理酒……………大さじ1
砂糖………………大さじ1

下ごしらえ

①根菜ミックスはポリ袋に入れ、解凍しておく。干ししいたけは事前に水（分量外）に浸し、戻しておく。
②干ししいたけが戻ったら、食べやすい大きさに切る。
③もも肉は皮を取り、一口大に切る。

作り方

1 ポリ袋にすべての材料を入れてよく混ぜる。
2 耐熱ボウルに入れ、ポリ袋の口をくるっとひねって電子レンジで6分加熱する。
3 一度取り出して混ぜ、さらに6分加熱する。
4 アクを取り、味見をしてお好みの味に調えたらさらに3分加熱する。
5 粗熱がとれたら冷蔵庫におき、冷やして味を染み込ませる。

ほうれん草のおひたし

材料（2人分）

ほうれん草 …………… 1袋

A
- 炒りごま ……… 大さじ1
- 白だし ………… 大さじ1
- 水 ……………… 大さじ1

作り方

1 ほうれん草は食べやすい大きさに切り、ポリ袋に入れる。

2 ポリ袋に入れたまま大きめの耐熱皿に広げるようにのせ、ポリ袋の口を折りたたんで電子レンジで2分加熱する。

3 ポリ袋に水を入れてサッと締め、ポリ袋の口をすぼめ、中の具材が落ちないようにしながら水気を切る。

4 Aを加え、全体がなじむように軽く揉む。

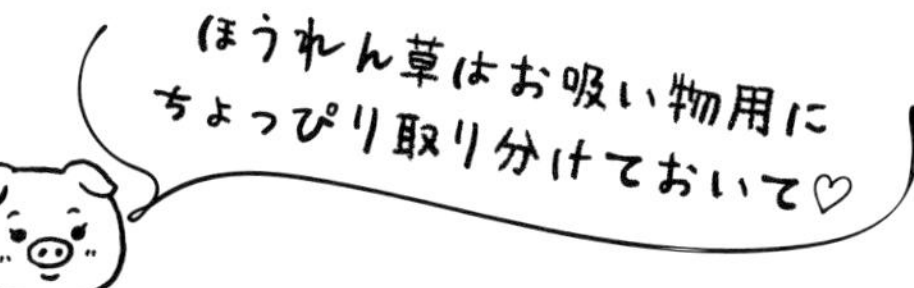

ほうれん草と豆腐のお吸い物

材料（2人分）

ほうれん草
… おひたしからちょっと拝借
木綿豆腐 … ミニパック1個
きざみねぎ ……………… 少々
白だし ……………… 大さじ2
しょうゆ …………… 大さじ1
塩 ………………… ひとつまみ
水 …………………… 400mℓ

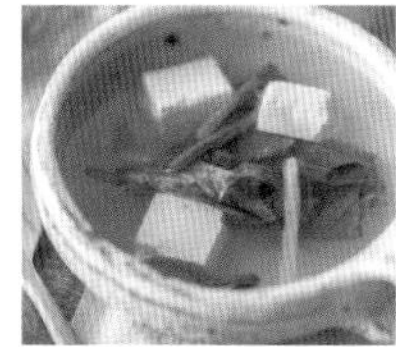

作り方

1 豆腐はさいの目状に切る。

2 ポリ袋にすべての材料を入れてよく混ぜる。

3 耐熱ボウルに入れ、ポリ袋の口をくるっとひねって電子レンジで2分30秒加熱する。

順番

1 筑前煮をレンチン
2 筑前煮を混ぜ、さらにレンチン
3 アクを取り、味を調整してさらにレンチン
4 冷蔵庫で冷やす
5 カレイをレンチン
6 ほうれん草を切りポリ袋に入れる
7 もうひとつのカレイをレンチン
8 ほうれん草をレンチン
9 お吸い物の材料をポリ袋で混ぜる
10 ほうれん草を水で締める
11 お吸い物をレンチン
12 おひたしを仕上げる
13 彩りの野菜を添えながら、4品を盛りつけたら完成！

ブロッコリーと
ハムのガーリック蒸し
コンソメスープ

全部 レンチン

ヘルシーミートパスタ

金曜日

ヘルシーミートパスタの献立

金曜日のレシピ

残ったミートソースはごはんにのせて
とけるチーズをトッピングし、トースターで
15 分焼くと激ウマです

ヘルシーミートパスタ

材料（2人分）

A	パスタ	2 束
	鶏ひき肉	300g
	しめじ	1/2 袋
B	玉ねぎ	1/2 個
	にんじん	1/2 本
	塩	ひとつまみ

薄力粉 …… 大さじ 3
きざみにんにく …… 大さじ 1
コンソメ …… 大さじ 1

トマト（水煮） …… 200g
ウスターソース …… 大さじ 2
ケチャップ …… 大さじ 3

オリーブオイル …… 適量
粉チーズ …… 適量
乾燥パセリ …… 少々

味が足りないときは
塩こしょうで調節してね！

下ごしらえ

①玉ねぎ、しめじ、にんじんはみじん切りにし、ポリ袋に入れる。

②ひき肉と A を加え、よく揉み混ぜる。

作り方

1. 下ごしらえした材料をポリ袋に入れたまま、大きめの耐熱皿に広げるようにのせ、ポリ袋の口を折りたたんで電子レンジで 3 分加熱する。
2. 一度取り出して裏返し、さらに 2 分加熱する。
3. 耐熱ボウルに②をポリ袋ごと移し、B を加えてよく揉み混ぜたら、ポリ袋の口をくるっとひねって電子レンジで 3 分加熱する。
4. 耐熱ボウルにポリ袋をセットし、2 つに折ったパスタを広がるように入れる。ケトルで沸かしたお湯（分量外）を耐熱ボウルの半分くらいまで入れ、塩を加えたら、ポリ袋の口をくるっとひねって電子レンジで 4 分加熱する。
5. 一度取り出してパスタを混ぜ、さらに 5 分加熱する。ザルにあけて水気を切る。
6. ③のポリ袋に⑤を入れ、下から上に全体をざっくりと混ぜる。器に盛り、オリーブオイルを回しかけ、粉チーズと乾燥パセリをふる。

ブロッコリーとハムのガーリック蒸し

材料（2人分）

ブロッコリー …………… 5個
ハム ………………………… 4枚
きざみにんにく …… 小さじ1/2
塩こしょう ……………… 適量
オリーブオイル …… 大さじ1

作り方

1. ブロッコリーとハムは食べやすい大きさに切り、ポリ袋に入れる。
2. きざみにんにく、塩こしょうを加えて混ぜ、ポリ袋に入れたまま大きめの耐熱皿に広げるようにのせ、ポリ袋の口を折りたたんで電子レンジで2分加熱する。
3. オリーブオイルを加え、よく混ぜる。

ブロッコリーとハムは
レンチンしたあとでスープ用に
少しだけ取り分けておこう

コンソメスープ

材料（2人分）

ブロッコリーとハム …… ガーリック蒸しからちょっと拝借

A
- コンソメ ……… 小さじ2
- 塩こしょう ………… 少々
- 水 ………………… 400mℓ

オリーブオイル …… 大さじ1

作り方

1. ポリ袋にブロッコリー、ハム、**A**を入れてよく混ぜる。
2. 耐熱ボウルに入れ、ポリ袋の口をくるっとひねって電子レンジで3分加熱する。
3. 器に盛り、オリーブオイルをたらす。

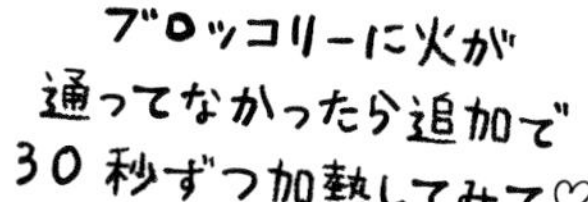

順番

1. ミートソースをレンチン
2. ケトルにお湯を沸かす
3. ブロッコリーとハムをポリ袋に入れる
4. ミートソースを裏返し、さらにレンチン
5. パスタをレンチン
6. パスタを混ぜ、さらにレンチン
7. パスタの水気を切り、ミートソースと混ぜる
8. ブロッコリーをレンチン
9. スープをレンチン
10. パスタを盛りつける
11. ガーリック蒸しにオリーブオイルをかけ、盛りつける
12. 器にスープを注ぎ、オリーブオイルをかけたら完成！

1kg鶏むね肉 サラダチキンアレンジ術

加熱時間たったの８分で、1kgものサラダチキンが作れちゃう。
そのまま食べてもおいしいし、アレンジにも便利です。

基本の1kgサラダチキンの作り方

材料

鶏むね肉……………………1kg
砂糖……………………小さじ３
塩こしょう……………………適量

1

鶏むね肉は、皮を取ってフォークで裏表に穴をあける。

2

両面に砂糖と塩こしょうをふり、なじませる。

3

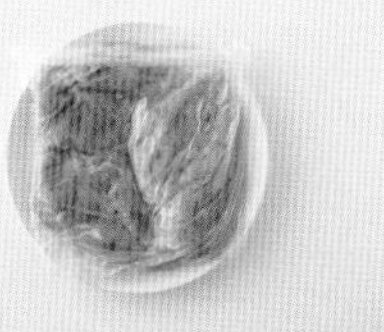

ポリ袋に入れ、肉同士が重ならないように耐熱皿にのせる。ポリ袋の口を折りたたんで電子レンジで４分加熱する。

4

一度取り出して裏返し、さらに３分30秒〜４分加熱する。

5

電子レンジから取り出し、そのまま30分ほどおいて余熱で火を通す。

表面が少しピンクの状態でOK！余熱で火が通ります

できあがり！

お好みの厚さにスライスしてね

サラダチキンサンドイッチ

クッキングシートに
包むとおしゃれ！

材料（1人分）

サラダチキン……3 枚
トマト……1/3 個
レタス……2 枚
スライスチーズ……1 枚
食パン（10 枚切り）
……2 枚
マヨネーズ……小さじ 1
バター……小さじ 1

作り方

1 パンにバターとマヨネーズを塗る。トマトはスライスする。
2 パン、サラダチキン、トマト、スライスチーズ、レタスの順に重ね、ラップできゅっと包んでしばらくおいておく。
3 お好みの大きさにカットする。

なんちゃって焼豚丼

サラダチキンなのに
焼豚バリの満足感♡

材料（1人分）

ごはん……茶碗 1 杯分
サラダチキン……4 枚
卵の黄身……1 個
きざみねぎ……少々
炒りごま……少々

〈チャーシューのタレ〉
きざみしょうが……小さじ 1/2
きざみにんにく……小さじ 1/2
片栗粉……小さじ 1/3
しょうゆ……大さじ 1.5
オイスターソース
……小さじ 2
みりん……小さじ 2
料理酒……小さじ 2
カンタン酢……小さじ 2
砂糖……小さじ 1

作り方

1 深い器にクッキングシートを敷き、タレの材料をすべて入れてよく混ぜ、電子レンジで 30 秒加熱する。サラダチキンを加え、しっかりと絡める。
2 器にごはんを盛って①をのせる。
3 中央に卵の黄身をのせ、きざみねぎと炒りごまを散らす。

よだれ鶏

香り豊かなタレが
食欲をそそる

材料（2人分）

サラダチキン……10枚
長ねぎ……15cm
メンマ……適量

A
しょうゆ……大さじ 2
カンタン酢……大さじ 3
食べるラー油……大さじ 1
きざみしょうが……小さじ 1
きざみにんにく……小さじ 1

レタス、ブロッコリー、
ミニトマトなど……お好みで

作り方

1 長ねぎとメンマは小口切りにする。
2 器にラップを敷き、A と①を加えて混ぜる。
3 サラダチキンを器に盛り、②をかける。お好みでレタス、ブロッコリー、ミニトマトなどを飾る。

サラダチキンスープ

後入れしたサラダチキンが
ふわっとやわらか♡

材料（2人分）

サラダチキン……5 枚
キャベツ……3 枚
にんじん……1/3 本
しめじ……1/2 パック

A
トマトの水煮……1/2 缶
水……200㎖
塩こしょう……適量
コンソメ……大さじ 1

乾燥パセリ……少々

作り方

1 キャベツはざく切りにし、にんじんはピーラーでむき、しめじは裂いてポリ袋に入れる。
2 耐熱皿にのせ、ポリ袋の口をくるっとひねって電子レンジで 2 分加熱する。一度取り出して混ぜ、さらに 1 分加熱する。
3 A を加えて混ぜ、さらに 2 ～ 3 分加熱し、裂いたサラダチキンを加えて混ぜる。
4 器に盛り、パセリを散らす。

4週目

1食300円以下でごちそう!

節約にぴったり献立

最終週は、ちょっぴりお財布事情を意識。1食たったの300円なのに、
栄養のバランスがしっかりとれている理想的なメニューです。

お買い物リスト

肉・魚

- □ 鶏もも肉……1枚
- □ 鶏むね肉……1枚
- □ 豚こま切れ肉……400g
- □ サバ……2枚

野菜類

- □ にんじん……1本
- □ 玉ねぎ……1個
- □ 長ねぎ……1本
- □ ほうれん草……1袋
- □ なす……1本
- □ 赤パプリカ……1個
- □ しめじ……1パック
- □ もやし……1袋

1～3週目に買ってあるもの

- □ ブロッコリー（冷凍中）

飾りの野菜

- □ レタス、レモン、ミントなど

お好みで準備してね

前の週の残りを使うよ!

卵・加工品

- □ 卵……7個
- □ カニカマ……1パック
- □ ごぼうの水煮……1袋
- □ ツナ（水煮）……2缶
- □ トマトの水煮……1缶
- □ 豆乳……400㎖

1～3週目に買ってあるもの

- □ かまぼこ（冷凍中）

冷凍食品

- □ 冷凍いんげん……1袋

乾物

1～3週目に買ってあるもの

- □ かつお節、乾燥パセリ、乾燥わかめ

主食・油・調味料などの必需品

1～3週目に買ってあるもの

- □ 米、パスタ、ごま油、バター、すりごま、炒りごま、片栗粉

月
冷蔵

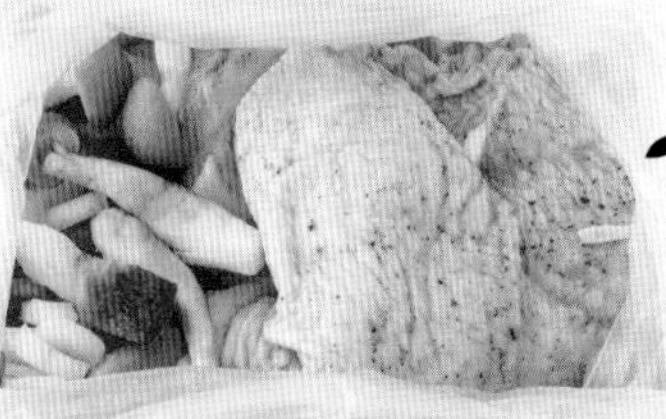

メインの下ごしらえ、
完了!!

ジャンバラヤと
鶏もも肉のやわらか蒸し

それぞれのレシピを確認して
1週間分、一気に下ごしらえします

火
冷蔵

ほうれん草としめじの
バターしょうゆパスタ

水
冷蔵

鶏むね肉のチャーシュー

冷凍した食材は
前日の晩に冷蔵庫に移して
解凍しておいてね!

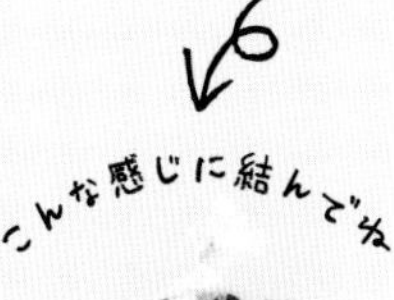

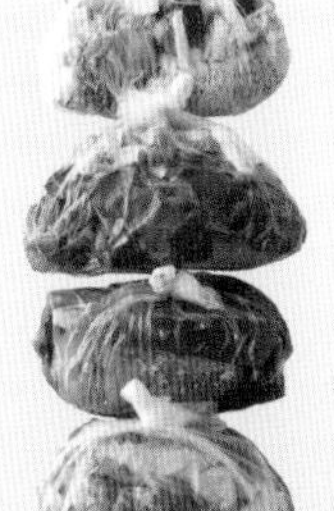

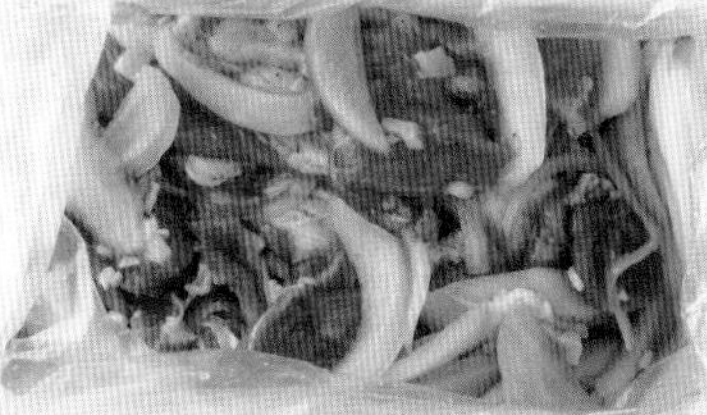

木
冷凍

豚丼

金
冷凍

サバのみりん焼き

豆乳野菜スープ
ジャンバラヤ

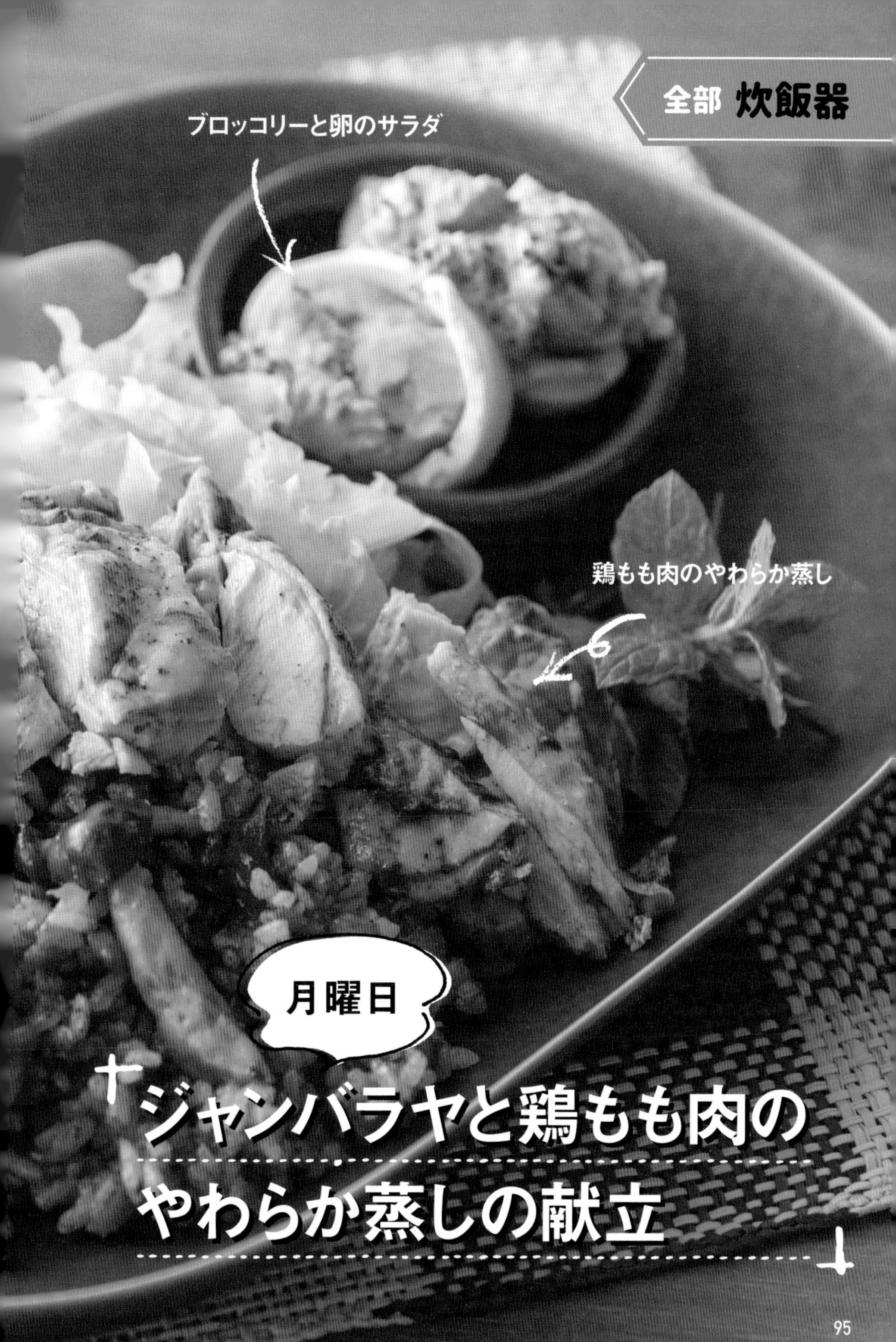

ブロッコリーと卵のサラダ

鶏もも肉のやわらか蒸し

月曜日

ジャンバラヤと鶏もも肉のやわらか蒸しの献立

月曜日のレシピ

ジャンバラヤ

材料（2人分）

米 ……… 2合（水に30分浸水させておく）
玉ねぎ ……… 1/2個
しめじ ……… 1/3パック
赤パプリカ ……… 2/3個
水 ……… 2合分

A
カレー粉 ……… 大さじ1
ケチャップ ……… 大さじ3
トマトの水煮（ペースト） ……… 大さじ1
ウスターソース ……… 大さじ2
コンソメ ……… 大さじ1
塩こしょう ……… 少々

レタス、レモン、ミントなど ……… お好みで

野菜はスプーン2杯ほど
スープの具として
とっておいてね♡

下ごしらえ

パプリカと玉ねぎはみじん切りにする。しめじは1つずつ裂いてポリ袋に入れる。

作り方&順番

1 炊飯器にAと洗った米を入れてさっと混ぜ、2合の目盛りよりやや少なめに水を入れる

2 野菜を米の上に平らのせ、鶏肉をのせる

3 クッキングシートに包んだ3品をあいているところにのせる

4 炊飯器のふたを閉め、炊き込みモードで炊飯する

5 炊き上がったら、クッキングシートの3品と鶏肉を取り出す

具材は
混ぜないでね

鶏もも肉のやわらか蒸し

材料（2人分）

鶏もも肉 ……… 1枚
塩こしょう ……… 適量

下ごしらえ

鶏もも肉は厚さが均等になるように開き、両面に塩こしょうをふったら、ジャンバラヤの野菜と一緒にポリ袋に入れる。

ブロッコリーと卵のサラダ

材料（2人分）

ブロッコリー……………………………………………4房
卵………………………………………………………1個

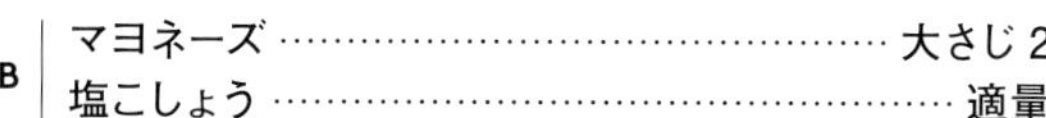

B | マヨネーズ…………………………………大さじ2
　| 塩こしょう…………………………………適量

下ごしらえ

①ブロッコリーはクッキングシートにのせてキャンディのように包む。

②卵は殻に入ったまま、クッキングシートにのせてキャンディのように包む。

6 炊き込みごはんを混ぜたら炊飯器のふたを閉め、蒸らす

7 ポリ袋に野菜とCを入れてよく混ぜ、耐熱ボウルに入れる。ポリ袋の口をくるっとひねって電子レンジで1分30秒〜2分加熱する

吹きこぼれに注意して！

8 卵の殻をむき、食べやすい大きさに割る。ブロッコリーと一緒にポリ袋に入れ、Bを加えて混ぜる

9 鶏肉は食べやすい大きさに切る。それぞれを器に盛り、お好みでレタス、レモン、ミントなどを添える。スープにはパセリを散らす

豆乳野菜スープ

材料（2人分）

野菜………ジャンバラヤからちょっと拝借

C | コンソメ…………………………大さじ1
　| 豆乳……………………………………400mℓ
　| 塩こしょう……………………………適量

乾燥パセリ…………………………………少々

下ごしらえ

ジャンバラヤ用の野菜を少しとり、クッキングシートにのせてキャンディのように包む。

火曜日
ほうれん草としめじの
バターしょうゆパスタの献立
トマトスープ

全部 レンチン

なすのおひたし

ほうれん草としめじの
バターしょうゆパスタ

火曜日のレシピ

ほうれん草としめじの バターしょうゆパスタ

材料（2人分）

パスタ（7分茹で）…………………………200g
ほうれん草 ……………1袋
しめじ ………… 1/3パック
ツナ（水煮） ……………1缶
塩こしょう ……………適量
塩 …………………… 小さじ1
しょうゆ ………… 大さじ2
バター ……………… 大さじ2

下ごしらえ

①ほうれん草は食べやすい大きさに切り、しめじは裂いてポリ袋に入れる。

②塩こしょうを加え、全体がなじむように軽く揉む。

作り方

1. 下ごしらえした材料をポリ袋に入れたまま、大きめの耐熱皿に広げるようにのせ、ポリ袋の口を折りたたんで電子レンジで2分加熱する。
2. 耐熱ボウルにポリ袋をセットし、2つに折ったパスタを広がるように入れる。ケトルで沸かしたお湯（分量外）を耐熱ボウルの半分くらいまで入れ、塩を加えたら、ポリ袋の口をくるっとひねって電子レンジで4分加熱する。
3. 一度取り出してパスタを混ぜ、さらに5分加熱する。
4. ツナとしょうゆを入れ揉み混ぜる。パスタはザルにあけて水気を切る。
5. ①に④とバターを入れ、よく揉み混ぜる。塩こしょうで味を調える。

なすのおひたし

材料（2人分）

なす ………………… 1本
きざみねぎ ……… 少々
めんつゆ …… 大さじ1
水 …………… 大さじ1
かつお節 …… 1パック

作り方

1 なすは食べやすい大きさに切り、水にさらしてアク抜きする。

2 なすの水気を切ってポリ袋に入れ、大きめの耐熱皿に広げるようにのせ、ポリ袋の口を折りたたんで電子レンジで2分30秒加熱する。

3 めんつゆ、水、かつお節半分を入れ、揉み混ぜる。

4 器に盛り、かつお節をのせる。

トマトスープ

材料（2人分）

ほうれん草、しめじ …… パスタからちょっと拝借
にんじん ………………………………………… 1/2本
トマトの水煮 ………………………………… 1/2缶
水 ……………………………………………… 100mℓ
コンソメ …………………………………… 小さじ2
塩こしょう ……………………………………… 適量

作り方

1 にんじんはピーラーで薄くスライスし、取り分けた野菜と一緒にポリ袋に入れる。

2 残りの材料をすべて入れ、よく混ぜる。

3 耐熱ボウルに入れ、ポリ袋の口をくるっとひねって電子レンジで2分30秒加熱する。

順番

1 ケトルにお湯を沸かす
2 ほうれん草としめじをレンチン
3 なすをアク抜きしてレンチン
4 なすのおひたしを仕上げる
5 パスタをレンチン
6 スープの具材をポリ袋に入れる
7 パスタを湯切りする
8 スープをレンチン
9 パスタを仕上げる
10 3品を盛りつけたら完成！

カニカマとわかめのスープ
天津飯
鶏むね肉のチャーシュー

全部 レンチン

水曜日

「鶏むね肉のチャーシューと天津飯の献立」

水曜日のレシピ

鶏むね肉のチャーシュー

材料（2人分）

鶏むね肉……………………1枚
長ねぎの青い部分………1本分
砂糖……………………小さじ2
塩こしょう…………………適量

A
きざみしょうが……小さじ2
きざみにんにく……小さじ2
しょうゆ…………大さじ4
カンタン酢…………大さじ1
料理酒……………大さじ1
みりん……………大さじ1
オイスターソース…大さじ1

きざみねぎ…………………少々
炒りごま……………………少々

レタス………………お好みで

下ごしらえ

①鶏むね肉は、皮を取ってフォークで裏表に穴をあける。
②両面に砂糖と塩こしょうをふり、なじませる。
③ポリ袋に入れ、ねぎの青い部分とAを加えてよく揉み混ぜる。

作り方

1 下ごしらえした材料をポリ袋に入れたまま、肉がなるべく平らになるように耐熱皿にのせる。ポリ袋の口を折りたたんで電子レンジで3分加熱する。
2 一度取り出して裏返し、さらに2分30秒加熱する。
3 電子レンジから取り出し、そのまま30分ほどおいて余熱で火を通す。
4 削ぎ切りし、きざみねぎと炒りごまをふる。お好みでレタスを添える。

カニカマとわかめのスープ

材料（2人分）

乾燥わかめ………ひとつまみ
カニカマ…………1/3パック

A
水……………………400mℓ
鶏がらスープの素
……………………大さじ1
塩こしょう…………適量

ごま油………………大さじ1
きざみねぎ…………………適量
炒りごま……………小さじ1

作り方

1 ポリ袋に乾燥わかめ、細く裂いたカニカマ、Aを入れてよく混ぜる。
2 耐熱ボウルに入れ、ポリ袋の口をくるっとひねって電子レンジで2分30秒加熱する。
3 器に注いでごま油をたらし、きざみねぎと炒りごまを散らす。

天津飯

材料（2人分）

卵 …… 4個
カニカマ …… 2/3 パック
ごはん …… 茶碗2杯分
塩こしょう …… 適量
鶏がらスープの素 …… 小さじ1

〈甘酢あん〉
水 …… 240mℓ
しょうゆ …… 大さじ4
お酢 …… 大さじ4
砂糖 …… 大さじ3
片栗粉 …… 大さじ2

作り方

1. カニカマは細く裂き、ポリ袋に入れる。トッピング用に少しとっておく。
2. 卵、鶏がらスープの素、塩こしょうを加え、卵の白身を切るように揉み混ぜる。
3. 耐熱皿にのせ、ポリ袋の口をくるっとひねって電子レンジで1分加熱する。
4. 一度取り出し、卵を潰しながらなじませる。
5. さらに10～20秒加熱したら、よそっておいたごはんの上にのせる。
6. 別のポリ袋に〈甘酢あん〉の材料をすべて入れてよく混ぜる。
7. 耐熱ボウルに入れ、ポリ袋の口をくるっとひねって電子レンジで2分30秒加熱する。とろみが緩い場合は、様子を見ながら30秒ずつ加熱する。
8. ⑤の上にかけ、カニカマをのせる。

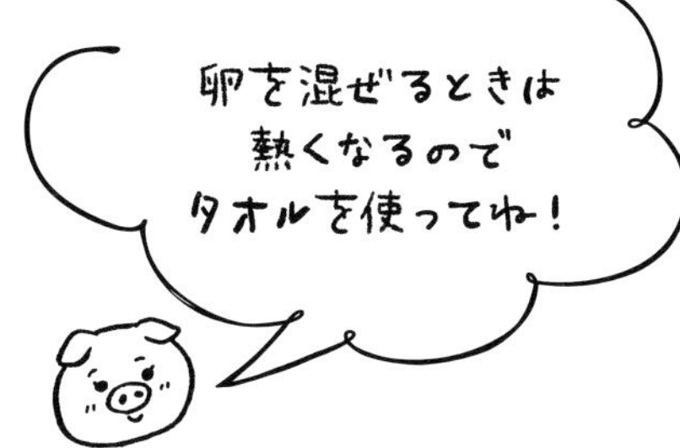

順番

1. 鶏チャーシューをレンチン
2. 天津飯の具を混ぜる
3. スープの材料を混ぜ合わせる
4. 鶏チャーシューを裏返し、さらにレンチン
5. 天津飯の具をレンチン
6. 卵を潰してさらにレンチン
7. 器にごはんを盛る
8. 甘酢あんをレンチン
9. ごはんにカニ玉をかける
10. スープをレンチン
11. チャーシューを切り、盛りつける
12. スープを注ぎ、ねぎや炒りごまなどをかけたら完成！

もやしとパプリカのチャンプルー

卵としめじのお吸い物

木曜日

豚丼の献立

全部 レンチン
豚丼

木曜日のレシピ

豚丼

材料（2人分）

豚こま切れ肉 ……………… 300g
長ねぎ ……………………… 1/2 本
玉ねぎ ……………………… 1/2 個
ごはん ……………… 茶碗 2 杯分
塩こしょう …………………… 適量

A
きざみにんにく …… 大さじ 1
しょうゆ ……………… 大さじ 4
みりん ………………… 大さじ 2
料理酒 ………………… 大さじ 1
砂糖 …………………… 小さじ 2

きざみねぎ ……………… 小さじ 2

下ごしらえ

①ポリ袋に豚肉を入れ、塩こしょうをふって全体がなじむように軽く揉む。
②長ねぎを斜めに切り、玉ねぎは薄切りにし、ポリ袋に加える。
③ A を加え、よく揉み混ぜる。

作り方

1 耐熱皿の上にクッキングシートを敷き、下ごしらえした材料をポリ袋から出して中央におき、封筒のように四角く包んで電子レンジで 2 分加熱する。
2 一度取り出し、豚肉を菜箸で広げて包み直し、さらに 3 分加熱する。
3 丼にごはんをよそって②をのせ、きざみねぎを散らす。

卵としめじのお吸い物

材料（2人分）

しめじ ……………………… 1/3 個
卵 ……………………………… 1 個
白だし …………………… 大さじ 2
しょうゆ ………………… 大さじ 1
塩 …………………… ひとつまみ
水 …………………………… 400㎖

きざみねぎ ………………… 少々

作り方

1 ポリ袋にすべての材料を入れて混ぜる。
2 耐熱ボウルに入れ、ポリ袋の口をくるっとひねって電子レンジで 3 分加熱する。
3 器に盛り、ねぎを散らす。

卵はちょっと割れてほかの具材と軽く混ざっているくらいでOK！

1 豚丼の具をレンチン

2 もやしのチャンプルーの材料を混ぜる

3 豚丼の具を裏返し、再度レンチン

4 スープの材料をセットする

5 もやしのチャンプルーをレンチン

6 もやしのチャンプルーを裏返し、再度レンチン

7 豚丼を盛りつける

8 スープをレンチン

9 彩りの野菜を添えながら、2品を盛りつけたら完成！

もやしとパプリカのチャンプルー

材料（2人分）

もやし……1袋
ツナ……1缶
赤パプリカ……1/3個
卵……1個

A
きざみにんにく……適量
鶏がらスープの素……小さじ1
顆粒だし……5g
しょうゆ……大さじ1
塩こしょう……適量

かつお節……1パック
レタスなど……お好みで

作り方

1. ポリ袋にもやし、ツナ、パプリカ、Aを入れ、揉み混ぜる。
2. ポリ袋に入れたまま、大きめの耐熱皿に広げるようにのせ、ポリ袋の口を折りたたんで電子レンジで1分30秒加熱する。
3. 一度取り出し、卵を割り入れたら菜箸でほぐし、さらに1分加熱する。
4. 一度取り出して裏返し、さらに1分加熱する。
5. かつお節を加えて混ぜ、器に盛る。お好みでレタスなどを添える。

サバのみりん焼きの献立

いんげんのごま和え

サバのみりん焼き

豚きんぴらごぼう

金曜日のレシピ

サバのみりん焼き

材料（2人分）

サバ……………………………2枚
みりん…………………………大さじ2
しょうゆ………………………大さじ1
料理酒…………………………大さじ1

炒りごま………………………適量

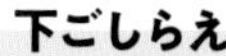

下ごしらえ

①サバを食べやすい大きさに切る。
②すべての材料をポリ袋に入れ、揉み混ぜる。

作り方

1 下ごしらえした材料をポリ袋に入れたまま、大きめの耐熱皿に広げるようにのせ、ポリ袋の口を折りたたんで電子レンジで2分加熱する。

2 一度取り出して裏返し、さらに1～2分加熱する。器に盛り、炒りごまをふる。

漬け込むことでサバにしっかり
味が染み込んでバリうま♡

いんげんのごま和え

材料（2人分）

冷凍いんげん…………………10本

A
すりごま……………大さじ3～4
めんつゆ……………………大さじ1
砂糖…………………………小さじ1/2

作り方

1 冷凍いんげんは流水で解凍する。

2 食べやすい大きさに切り、ポリ袋に入れる。

3 Aを入れて混ぜる。

P16～17の「ズボラ副菜」の
ごま和えのアレンジバージョン！
すりごまを少し増やしています

豚きんぴらごぼう

材料（2人分）

豚こま切れ肉……100g
ごぼうの水煮……1袋
にんじん……1/2本
かまぼこ……7cm
すりごま……大さじ4

A
しょうゆ……大さじ4
みりん……大さじ4
料理酒……大さじ1
砂糖……大さじ1

レタスなど……お好みで

作り方

1 にんじんは細切りに、かまぼこは食べやすく切る。ごぼうと一緒にポリ袋に入れる。
2 Aを加え、よく揉み混ぜる。
3 ポリ袋に入れたまま、大きめの耐熱皿に広げるようにのせ、ポリ袋の口を折りたたんで電子レンジで3分加熱する。
4 一度取り出して裏返し、さらに3分加熱する。
5 クッキングシートに豚肉をのせて塩こしょうをふり、キャンディのように包む。耐熱皿にのせ、電子レンジで1分30秒加熱する。
6 ④に⑤とすりごまを加え、よく揉み混ぜる。器に盛り、お好みでレタスなどを飾る。

豚肉とそれ以外の具材を
分けて加熱するのがポイントです

順番

1 サバをレンチン
2 ごぼう、にんじん、かまぼこをポリ袋に入れる
3 サバを裏返して、さらにレンチン
4 豚肉をクッキングシートに包む
5 冷凍いんげんを流水で解凍する
6 ごぼう、にんじん、かまぼこをレンチン
7 解凍したいんげんを切り、ポリ袋に入れ調味料で和える
8 ごぼう、にんじん、かまぼこを裏返し、さらにレンチン
9 豚肉をレンチン
10 ⑧と⑨を混ぜ合わせる
11 彩りの野菜を添えながら、3品を盛りつけたら完成！

腹持ち抜群！

健康もち麦アレンジ

食物繊維たっぷりのもち麦を使ったレシピ。ダイエット中の昼ごはんにおすすめです。

もち麦の茹で時間

材料（2人分）

もち麦……50g
水……500㎖

作り方

1 もち麦と水をポリ袋に入れ、耐熱ボウルにポリ袋をセットして電子レンジで15分加熱する。

2 一度取り出して混ぜ、さらに5分加熱したら水気を切る。

もち麦サラダ

ツナでコクとうまみがアップ！

材料（2人分）

茹でたもち麦……50g
きゅうり……1/2 本
トマト……1 個
かいわれだいこん……1/2 パック
ツナ（水煮）……1 缶
ドレッシング……お好みで

作り方

1 かいわれは根を落とし、半分に切る。きゅうりは細切りに、トマトは角切りにする。

2 すべての材料をポリ袋に入れ、よく混ぜる。

もち麦豆乳リゾット

豆乳を使ってさらにヘルシーに仕上げ♡

材料（2人分）

もち麦ごはん……茶碗 2 杯分
しめじ……1/2 パック
ハム……4 枚

A
豆乳……400㎖
きざみにんにく……小さじ 2
パセリ……適量
チーズ……好きなだけ
コンソメ……小さじ 2
鶏がらスープの素……小さじ 1
塩こしょう……適量

粉チーズ……適量
オリーブオイル……大さじ 1
パセリなど……お好みで

作り方

1 ハムは食べやすい大きさに切る。しめじはほぐす。

2 ポリ袋に①、もち麦ごはん、A を入れてよく混ぜたら、耐熱ボウルに入れ、ポリ袋の口をくるっとひねって電子レンジで 5 分加熱する。

3 粉チーズ、オリーブオイルを加えて混ぜる。器に盛り、お好みでパセリをふる。

もち麦ごはんは、米：もち麦＝3：1で混ぜて普通に炊飯します♪

もち麦スープ

ランチにもおすすめ♪

材料（2人分）

茹でたもち麦……50g
キャベツ……3 枚
にんじん……1/3 個
鶏ひき肉……100g

A
きざみしょうが……小さじ 2
きざみにんにく……小さじ 2
水……400㎖
鶏がらスープの素……大さじ 1
顆粒だし……5g
しょうゆ……大さじ 1
塩こしょう……適量

作り方

1 野菜を食べやすい大きさに切り、ポリ袋に入れる。

2 大きめの耐熱皿に広げるようにのせ、ポリ袋の口を折りたたんで電子レンジで 1 分 30 秒加熱する。

3 ②のポリ袋を耐熱ボウルにセットし、鶏ひき肉、もち麦、A を加えて混ぜる。

4 ポリ袋の口をくるっとひねって電子レンジで 4 分加熱する。

PART 3

朝でも夜中でもレンチンでバリうまっ！

とん妻流ズボラレシピは、手軽に済ませたい朝ごはんや小腹がすいた夜中にこそ真価を発揮。調理道具以外の洗い物は、お皿１枚 or マグカップ１個だけというのもポイントです。

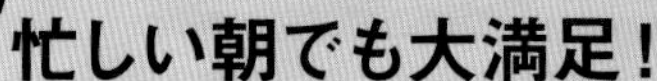

忙しい朝でも大満足！

平日のレンチン朝ごはん

忙しい朝こそ、ズボラ食堂の調理法が最も輝くとき。
今日もバリバリがんばれるごはんが、たったの 10 分で完成です。

電子レンジではなく
トースターで5 分～ 10分
焼いてもおいしい！

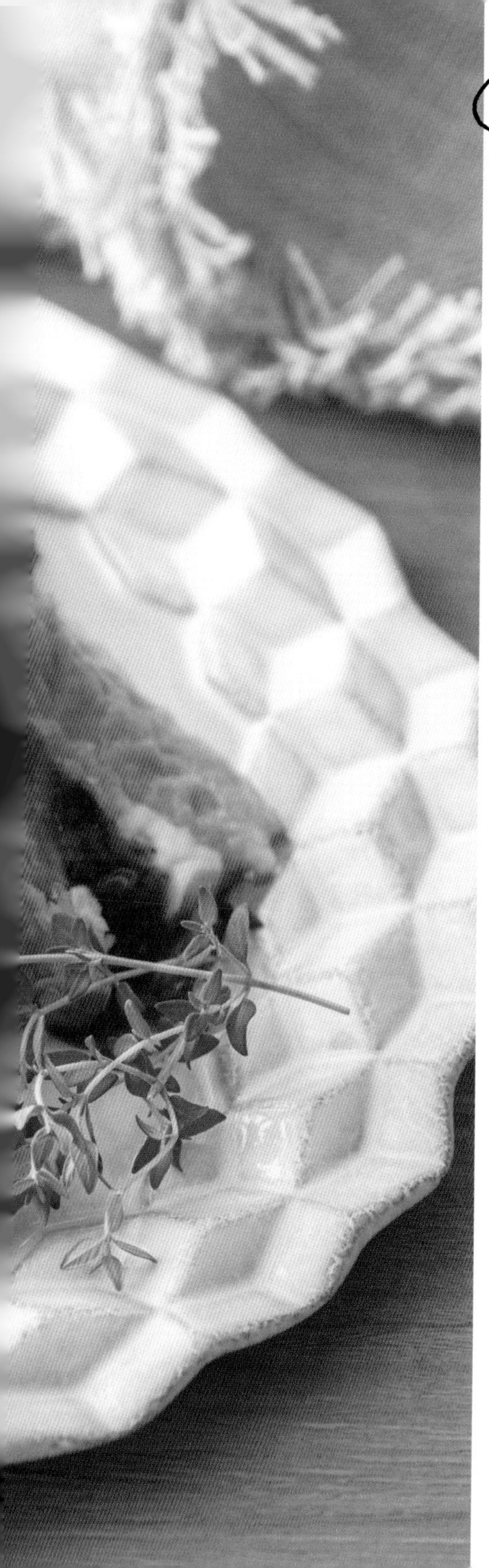

月曜日

なんちゃって フレンチトースト プレート

材料（2人分）

〈フレンチトースト〉
食パン（10枚切り）……4枚
卵……3個
豆乳……100mℓ
砂糖……大さじ1
バター……大さじ2
ブルーベリーソース……大さじ2
レタス、タイムなど……お好みで

〈おかず〉
ウインナー……6本

作り方

〈フレンチトースト〉

1. ポリ袋に卵、豆乳、砂糖を入れ、よく混ぜる。
2. 食パンは1枚を9等分に切る。ポリ袋に加え、口をしっかり持ってふりながら混ぜる。
3. ポリ袋に入れたまま、大きめの耐熱皿にパンが重ならないようにのせ、ポリ袋の口を折りたたんで電子レンジで1分加熱する。
4. 一度取り出して裏返し、さらに1分加熱する。器に盛ってバターを塗り、ブルーベリーソースをかける。お好みでレタス、タイムなどを添える。

〈おかず〉

1. ウインナーはななめに切れ込みを入れる。
2. 耐熱皿にクッキングシートを敷いてウインナーを並べ、キャンディのように包んで電子レンジで1分加熱する。

火曜日 おにぎらずプレート

材料（2人分）

〈おにぎらず〉
ごはん…………茶碗2杯分
卵…………………………3個
鮭フレーク…………大さじ4
レタス……………………1枚
焼きのり…………………2枚
白だし……………小さじ1
砂糖………………小さじ1
塩……………………少々
マヨネーズ…………小さじ2
レタス、イタリアンパセリなど
……………………お好みで

〈おかず〉
→材料＆作り方はP117参照

〈ほうれん草のみそ汁〉
冷凍ほうれん草……2つまみ
みそ………………大さじ2
水……………………400㎖

作り方

1. ポリ袋に卵、白だし、砂糖を入れ、卵の白身を切るように揉み混ぜる。
2. ポリ袋のまま平らな耐熱皿に置き、口をくるっとひねって電子レンジで1分30秒加熱する。
3. 一度取り出し、卵を潰しながらなじませる。
4. さらに30秒加熱したら、巻きすで平たく形を整え、半分に切る。
5. ボウルにラップを敷いてごはんを入れ、塩をふって混ぜる。
6. 平らなところにクッキングシートを敷き、のりをのせ、ごはんを広げる。半分に鮭フレーク、④、レタス、マヨネーズの順に重ね、パタッと折りたたむ。
7. クッキングシートごと半分に切る。器に盛り、お好みでレタス、イタリアンパセリなどを添える。

〈ほうれん草のみそ汁〉

1. ほうれん草は流水で解凍する。
2. すべての材料を耐熱ボウルに入れ、ポリ袋の口をくるっとひねって電子レンジで2分30秒加熱する。

水曜日

2種の蒸しパンプレート

材料（2人分）

ホットケーキミックス……200g
卵……1個
豆乳……100㎖
絹ごし豆腐……ミニパック1個
ベーコン……4枚
ミニトマト……1個
チーズ……大さじ5
バナナ……1本
乾燥パセリ……少々
レタス、ミニトマトなど……お好みで

作り方

1 ポリ袋にホットケーキミックス、卵、豆乳、豆腐を入れ、よく揉み混ぜる。

2 平らな耐熱皿にクッキングシートを敷き、①を流し入れ、菜箸で形を整える。

3 ②を真ん中で2つに分け、片方に食べやすい大きさに切ったベーコン、半分にカットしたミニトマト、チーズをのせる。

4 ①のポリ袋にバナナを入れ、揉み潰す。

5 ③のもう片方にバナナをのせ、菜箸で混ぜる。ラップはせずに、電子レンジで4分加熱する。

6 一度取り出して皿を反転させ、さらに4分加熱する。三角形にカットして器に盛り、パセリをふる。お好みでレタス、ミニトマトなどを添える。

ハムチーズ＆バナナの2種が一度にできちゃうレシピです♡

木曜日

包み蒸しが主役の和定食プレート

材料（2人分）

〈包み蒸し〉
サバのみそ煮 ……………… 1缶
卵 ……………………………… 2個
小松菜 ………………………… 1株
ゆかりごはん ………お好みで
納豆＆きざみねぎ … お好みで
レタス、ミニトマトなど
………………………… お好みで

〈しめじと豆腐のみそ汁〉
しめじ ………………… 1/2個
豆腐 ……………… 小1パック
顆粒だし …………………… 5g
みそ …………………… 大さじ2
水 ……………………… 400mℓ

作り方

〈包み蒸し〉

1 小松菜は食べやすい大きさに切る。

2 クッキングシートをキャンディ状に結び、上は開けておく。サバ缶、小松菜を入れたら卵を割り入れ、爪楊枝で黄身に穴をあける。

3 クッキングシートを閉じ、平たい耐熱皿にのせて電子レンジで1分10秒加熱する。

4 器に盛り、お好みで納豆、ゆかりごはん、レタス、ミニトマトなどを添える。

〈しめじと豆腐のみそ汁〉

1 豆腐はさいの目状に切る。しめじは裂く。

2 すべての材料を耐熱ボウルに入れ、ポリ袋の口をくるっとひねって電子レンジで2分30秒加熱する。

卵を潰すときは
熱いので
タオルを使おう

金曜日

ロールパンサンドの洋食プレート

材料（2人分）

〈ロールパンサンド〉

ロールパン …… 4個
ウインナー …… 2本
レタス …… 2枚
ツナ …… 1缶
ミニトマト …… 2個
バター …… 小さじ4
マヨネーズ …… 大さじ3
塩こしょう …… 少々
ケチャップ …… 小さじ2
レタス、レモン、ディル、イタリアンパセリなど …… お好みで

〈スクランブルエッグ〉

卵 …… 3個
豆乳 …… 大さじ3
塩こしょう …… 少々
バター …… 大さじ1

作り方

〈ロールパンサンド〉

1 ロールパンの上をハサミで切ってバターを塗る。
2 ウインナーはP117を参照に加熱し、レタスと一緒にロールパンに挟んだらケチャップをかける。
3 ツナは水気を切り、マヨネーズと塩こしょうで和える。レタスと一緒にロールパンに挟み、小さくカットしたミニトマトをのせる。
4 器に盛り、お好みでレタス、レモン、ディル、イタリアンパセリなどを添える。

〈スクランブルエッグ〉

1 ポリ袋に卵、豆乳、塩こしょうを入れ、卵の白身を切るように揉み混ぜる。ポリ袋のまま平らな耐熱皿に置き、口をくるっとひねって電子レンジで1分30秒加熱する。
2 一度取り出し、卵を潰しながらなじませる。さらに30秒加熱したらバターを加え、また卵を潰してなじませる。

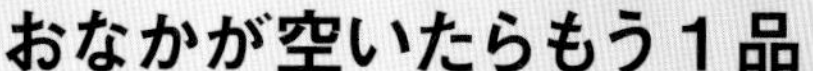

おなかが空いたらもう１品

ばり早っ！ レンチン夜食

マグカップの中に材料を放り込んだら、そのままレンチン。
夜中の食欲を満たしながらも、低糖質低カロリーにこだわった
罪悪感の少ないレシピです。

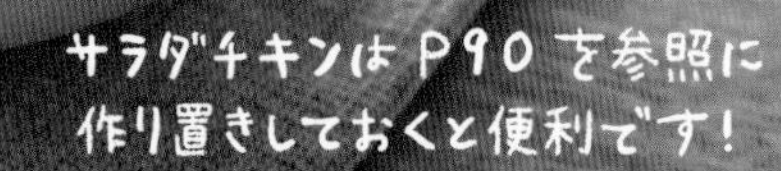

お豆腐ヘルシー茶碗蒸し

材料（1人分）

ちくわ……………………………1本
サラダチキン……………………2枚
絹豆腐………ミニパック2/3個
卵…………………………………1個

A | 白だし………………小さじ2
　| めんつゆ……………小さじ1

きざみねぎ………………………少々

作り方

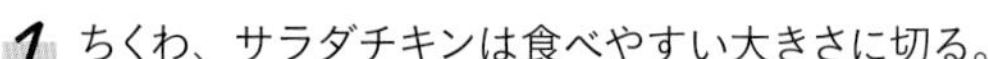

1. ちくわ、サラダチキンは食べやすい大きさに切る。
2. マグカップに豆腐、卵、A、めんつゆを入れてよく混ぜたら、①を加え、さっと混ぜる。
3. ふわっとラップして、電子レンジで２分加熱する。
4. 一度取り出して混ぜ、さらに１分加熱する。仕上げにきざみねぎをのせる。

とろ～り豆乳パングラタン

材料（1人分）

パン（10枚切り）……………… 1/2枚
サラダチキン ……………………… 2枚
玉ねぎ（薄切り）………………… 1/8個

A
豆乳 ……………………………… 150mℓ
おからパウダー …………… 大さじ1
塩こしょう ………………………… 少々

粉チーズ ……………………… 小さじ1
パセリ ……………………………… 少々

作り方

1 パンは一口大に切る。サラダチキンはちぎる。
2 マグカップに玉ねぎを入れ、軽くラップをして電子レンジで30秒加熱する。
3 Aと①を加えてよく混ぜたら、ラップをせずに1分20秒加熱する。
4 一度取り出して軽くかき混ぜ、さらに30秒加熱する。仕上げに粉チーズとパセリをふる。

ぷるふわオムレツ

材料（1人分）

卵 ……………… 1個
サラダチキン … 2枚
玉ねぎ（薄切り）
……………… 1/8個
にんじん（薄切り）
……………… 5枚

A
豆乳 …… 100mℓ
塩こしょう … 適量
粉チーズ
……… 小さじ1.5

パセリ ………… 少々
ケチャップ … 大さじ1

作り方

1 サラダチキンはちぎる。
2 マグカップに玉ねぎ、にんじんを入れ、軽くラップをして電子レンジで30秒加熱する。
3 A、卵、サラダチキンを加えて混ぜ、さらに1分30秒加熱する。一度取り出して軽くかき混ぜ、さらに1分加熱する。ケチャップをのせ、パセリをふる。

チキン春雨スープ

材料（1人分）

サラダチキン　2枚
キャベツ……1枚
にんじん（薄切り）
……………………5枚
春雨……………8g

A
水……………150mℓ
鶏がらスープの素
……小さじ1～1.5
しょうゆ…小さじ1
塩こしょう……適量
ごま油……小さじ1

きざみねぎ……少々

作り方

1. キャベツは角切りにする。にんじんはピーラーで薄くスライスする。サラダチキンはちぎる。
2. マグカップにキャベツとにんじんを入れ、軽くラップをして電子レンジで1分加熱する。
3. 取り出して春雨と**A**を加えてよく混ぜ、ラップはせずにさらに2分加熱する。
4. サラダチキンを入れ、きざみねぎを散らす。

春雨チゲスープ

材料（1人分）

サラダチキン……………………2枚
白菜キムチ……………………3～4枚
春雨………………………………8g

A
鶏がらスープの素……小さじ1
しょうゆ………………小さじ1
コチュジャン…………小さじ1
豆板醤…………………小さじ1
ごま油………………小さじ1/2
塩こしょう…………………適量
水……………………………150mℓ

きざみねぎ…………………………少々

作り方

1. サラダチキンはちぎる。
2. マグカップにキムチ、春雨、**A**を入れて混ぜ、ラップをせずに電子レンジで2分加熱する。
3. サラダチキンを入れ、きざみねぎを散らす。

鶏と卵の雑炊

材料（1人分）

ごはん……………………茶碗1/2杯
サラダチキン………………2枚
卵………………………………1個

A
水……………………………100mℓ
白だし……………………小さじ1
しょうゆ…………………小さじ1

きざみねぎ………………………適量

作り方

1 サラダチキンはちぎる。
2 マグカップにごはん、①、卵、Aを入れ、よく混ぜる。
3 ラップはせずに、電子レンジで2分30秒加熱する。仕上げにきざみねぎをのせる。

ほうれん草チーズおから蒸しパン

材料（1人分）

卵………………………………………1個
冷凍ほうれん草…………ひとつまみ
おからパウダー………………大さじ1
ベーキングパウダー………小さじ1/2
サラダチキン…………………………2枚
スライスチーズ………………………1枚
豆乳……………………………大さじ4
塩こしょう……………………………少々

作り方

1 サラダチキン、チーズはちぎる。ほうれん草は流水で解凍する。
2 マグカップに卵を入れ、よくかき混ぜる。
3 残りの材料をすべて入れ、なめらかになるまでよく混ぜる。
4 ラップはせずに、電子レンジで2分加熱する。

食材別INDEX

撮影　三好宣弘（RELATION）
スタイリング　山口重美（COLT）
調理アシスタント　とん姉
デザイン　小椋由佳
編集・ライティング　二平絵美
校正　鈴木初江
編集統括　川上隆子（ワニブックス）

とん妻の
レンチンだけでバリうま献立

とん妻 著

2023年3月25日　初版発行

発行者　横内正昭
編集人　青柳有紀
発行所　株式会社ワニブックス
〒150-8482
東京都渋谷区恵比寿4-4-9　えびす大黒ビル
電話　03-5449-2711（代表）
03-5449-2716（編集部）
ワニブックスHP　http://www.wani.co.jp/
WANI BOOKOUT　http://www.wanibookout.com/

印刷所　株式会社美松堂
製本所　ナショナル製本

ISBN978-4-8470-7297-0